rororo

Zu diesem Buch

Im Sommer 1924, als er Carola Neher kennenlernt, ist Klabund schon ein bekannter Autor, schreibt romantische Gedichte, freche Prosa – und ein märchenhaft-poetisches Theaterstück, «Der Kreidekreis», das zum größten Bühnenerfolg der Weimarer Republik werden wird. Die kapriziöse Schauspielerin Neher steht am Beginn einer glanzvollen Bühnenkarriere. Die Männer, darunter Lion Feuchtwanger und Bert Brecht, liegen ihr zu Füßen.
Matthias Wegner beleuchtet die Ehe zwischen dem lungenkranken Dichter und der lebenssüchtigen Schauspielerin vor dem Hintergrund des Ersten Weltkriegs, des heraufziehenden Nationalsozialismus, der «goldenen» zwanziger Jahre und dem immer länger werdenden Schatten Stalins.

Der Autor

Matthias Wegner, geboren 1937 in Hamburg, studierte Literatur- und Kunstgeschichte und promovierte mit einem Buch zum Thema «Exil und Literatur». 25 Jahre lang war er Verlagsleiter. Seit 1990 schreibt er für verschiedene Zeitungen und arbeitet für mehrere Verlage.

Matthias Wegner

Klabund
und
Carola Neher

Eine Geschichte
von Liebe und Tod

Rowohlt Taschenbuch Verlag

PAARE Herausgegeben von Claudia Schmölders

Einmalige Sonderausgabe Oktober 1998

Veröffentlicht im Rowohlt Taschenbuch
Verlag GmbH, Reinbek bei Hamburg,
Oktober 1998
Copyright © 1996 by
Rowohlt · Berlin Verlag GmbH, Berlin
Alle Rechte vorbehalten
Umschlaggestaltung Notburga Stelzer
(Fotos: Bildarchiv Preußischer Kulturbesitz)
Gesamtherstellung Clausen & Bosse, Leck
Printed in Germany
ISBN 3 499 22540 9

Inhalt

«Niagara meiner Sehnsucht»	9
Der Primus	21
Ein Irrwisch aus Nymphenburg	37
«Es hat ein Gott mich ausgekotzt»	44
Erste Ehe	56
Verwegene Reiterin	70
Klabund, atemlos	76
«Der Kreidekreis»	85
Sphinx heiratet Dichter	97
«Leuchte ihr, leuchte mir»	106
Frankfurt, Zeesen, Berlin	116
Vorhang auf für die Neher	131
Immer wieder Davos	143
Finis	154

Epilog

Die Silberfüchsin in der Falle	159

Literaturhinweise	183
Bildnachweis	187

Für Marcel Reich-Ranicki

Wir sind ein eigenes Volk, wir
Kranken. Mit eigenen
Gesetzen, eigenen Rechten
und Pflichten.

KLABUND

Wir Schauspielerinnen sind erst
auf der Bühne in unserem
Element – wir stolpern nur im Leben.

CAROLA NEHER

«Niagara meiner Sehnsucht»

München leuchtete wieder. Doch wie das übrige Deutschland ächzte auch die bayrische Metropole sechs Jahre nach dem Ersten Weltkrieg noch unter den schmerzlichen Geburtswehen der jungen Republik. Ausgerechnet im Herzen Bayerns hatte sich wenige Monate zuvor Adolf Hitler angeschickt, eine «Nationale Revolution» zu entfesseln. Nach turbulenten Szenen im Bürgerbräukeller am Abend zuvor war er mit seinen Getreuen am 9. November 1923 zu einem Marsch durch die Innenstadt aufgebrochen, der ihn bis nach Berlin führen sollte. Der Griff nach der Macht im Lande endete jedoch schon auf dem Odeonsplatz, zu Füßen der Feldherrnhalle. Dort trieb die bayrische Landespolizei die radikalen Rabauken um ihren redseligen Gefreiten und den zornbebenden General Ludendorff, kaum hatten diese das Lied «O Deutschland hoch in Ehren» angestimmt, mit einem nur sechzig Sekunden währenden Schußwechsel auseinander. Das Gemetzel forderte vierzehn Tote. Ihr Anführer flüchtete sich mit ausgekugeltem Arm in das Haus seines vermögenden Gönners Ernst Hanfstaengl, wo man ihn zwei Tage später festnahm. Diesmal noch hatten sich die großsprecherischen Nationalsozialisten als rechte Dilettanten erwiesen. Daß der auf liberale Münchner eher lächerlich wirkende Volkstribun zu fünf Jahren «ehrungsvoller» Festungshaft mit Aussicht auf Bewährung verurteilt worden war, bot Anlaß zu Genugtuung. Das republikanisch gesonnene Bürgertum, das den Herrscher über die Biersäle ohnehin nie ganz ernst nahm, fühlte sich in seiner Verachtung der braunen Horden gestärkt. Nun saß der schnurrbärtige Mann aus Braunau am

Inn endlich hinter Schloß und Riegel, wo er sich allerdings unter durchaus komfortablen Umständen an einer ständig klappernden Schreibmaschine der Niederschrift seiner verbohrten Gedanken und Erinnerungen widmete, die blutige Weltgeschichte schreiben sollten. In Moskau hatten im vergangenen Herbst Stalin und Trotzki die Ausweitung der Oktoberrevolution auf Deutschland vorbereitet, aber davon wußten allenfalls wenige eingeweihte deutsche Kommunisten. Erst im letzten Augenblick signalisierte ihnen Stalin: «Für uns ist es günstiger, wenn die Faschisten als erste angreifen.» In diesem Jahr starb Lenin; Josef Stalin, der Nachfolger, betrat die Bühne der Weltpolitik. Er hatte schon damit begonnen, den Nebenbuhler Leo Trotzki von der Macht zu verdrängen. Moskau ist weit – die Blutspur dieses Machtkampfes wird auch weit reichen.

In München ist man nach den Hitler-Krawallen wieder zur Tagesordnung übergegangen, und die verlangt im Sommer 1924 vom größeren Teil der Bevölkerung viel Arbeit zu geringem Lohn. Doch die kleinen Freuden der Entspannung im Englischen Garten und an den Seen vor der Stadt entschädigen für manche Entbehrungen. Das knapp 700 000 Einwohner zählende München ist keine Millionen-Metropole wie Berlin, aber gerade das ist ja auch sein Vorzug. Immerhin hat München der Konkurrenz an der Spree viele Annehmlichkeiten voraus. Die Stadt erscheint nicht nur ihren bodenständigen Bewohnern als eine wohnlichere, von der Natur und den nahen Bergen verwöhnte, ganz und gar eigenständige Kreuzung zwischen dem machtbewußten Berlin und dem anmutigen Salzburg. Vor allem aber ist die unter den bayrischen Königen zu barocker und klassizistischer Prachtentfaltung gelangte Residenz mehr als jede andere Stadt der neuen Republik eine Heimstätte der Musen, die schon seit dem neunzehnten Jahrhundert Maler und Musiker, Poeten und Dramatiker aus aller Welt anzieht.

Auf dem Gebiet der Kultur fühlt sich die Stadt dem gro-

München im Taumel. Im November 1923 scheiterte Hitlers Putschversuch. Sein Parteifreund Julius Streicher spricht am Tag des Marsches zur Feldherrnhalle auf dem Marienplatz.

ßen Konkurrenten im Norden zumindest ebenbürtig, und das gilt besonders für das Theater. Unter seinem Intendanten Otto Falckenberg haben sich die Münchner Kammerspiele, die bis 1926 noch in der Augustenstraße residierten, die Anerkennung als eine der lebendigsten Bühnen Deutschlands errungen. Auf die liberal gesonnene, kulturbewußte, intellektuelle Oberschicht der Stadt übte dieses Theater eine magnetische Wirkung aus. Hier wurden Stücke von Heinrich Mann und Frank Wedekind uraufgeführt, hier hat schon Hugo Ball, der Mitbegründer der Dadaisten in Zürich, als erster Dramaturg des Hauses gearbeitet. Von kulturinteressierten Theatergängern ins Herz geschlossen, von den «Pfui»-Rufen aufgebrachter Konservativer, aber auch von heftigen Geldsorgen immer wieder empfindlich gestört, sind die Kammerspiele zu einem provozierend republikanischen, von den aufgeschlossenen Münchnern indes umjubelten Spielort des neuen Theaters aufgestiegen: Hier inszenieren jetzt Erich Engel und der junge Dramaturg Bert Brecht, hier macht ein hochbegabter junger Regisseur namens Hans Schweikart von sich reden, der später Otto Falckenbergs Nachfolger werden wird. Hier spielen Adolph Wohlbrück und Sibylle Binder, Maria Koppenhöfer und Elisabeth Bergner. Wer in den Münchner Kammerspielen auftreten darf, ist auf der Karriereleiter des Theaters schon fast ganz oben angekommen.

Als letzte Produktion der auslaufenden Spielzeit kommt im Juli des Jahres 1924 wieder einmal ein Stück von Frank Wedekind zur Aufführung: «Die Büchse der Pandora». Unter der Regie des bewährten Hausregisseurs Robert Forster-Larinaga spielt auch Tilly Wedekind mit, die Witwe des Dichters. Zu den noch unbekannten Darstellerinnen gehört eine selbstbewußte Vierundzwanzigjährige in der kleinen Hosenrolle des Gymnasiasten Hugenberg. Ein Jahr zuvor hat sie schon einmal an den Kammerspielen gespielt, ebenfalls in einem Stück von Frank Wedekind: der Pantomime «Die Kaiserin von Neufundland». Während zweier Spielzeiten in Baden-Baden und Nürnberg war sie als Ensemblemitglied schon in größeren Rollen aufgetreten. Nun versucht sie, in ihrer Heimatstadt München auf sich aufmerksam zu machen, um eines schönen Tages mehr als nur einen Stückvertrag für eine Nebenrolle – zu bescheidenem Honorar und noch dazu als Zweitbesetzung – zu ergattern. Ihre ganze Leidenschaft gilt dem Theater, unter allen Umständen will sie dort Karriere machen.

Wollen wir ihren eigenen Worten Glauben schenken – was bei dieser Schauspielerin immer ein kleines Risiko birgt – so beschert ihr eines Tages eine Fahrt mit der Straßenbahn eine schicksalhafte Begegnung. Auf ihrem täglichen Weg mit der Linie 2 ins Theater fällt ihr ein junger Mann auf, der sich mit elegantem Sprung auf das Trittbrett des Wagens schwingt. Ihre Vorliebe für sensible und Künstlernaturen läßt sie ihn genau fixieren. In der Rolle der zurückhaltenden Dame, die mit gesenktem Blick auf die Flirtversuche der Männer wartet, hat sich die hübsche junge Frau noch nie geübt. Was aber den eleganten Herrn betrifft, so muß ihn schon ein erster Blick auf sie elektrisiert haben. Jedenfalls gibt er seiner bereits reichlich erprobten Neigung zur galanten Kontaktanbahnung sogleich ungeniert nach: er beginnt, die Schöne, wie sie später behauptet hat, «ungeniert zu fixieren».

Eilige Blickkontakte in öffentlichen Verkehrsmitteln können – wer hätte diese Erfahrung nicht auch schon einmal gemacht? – ihren eigenen Zauber entwickeln. An diesem Morgen im August 1924 treffen der melancholische, aber auffordernde Blick des Zugestiegenen und die kokett, aber selbstbewußt funkelnden Augen des Fräuleins so unmittelbar aufeinander, daß sich daraus ein kurzer Wortwechsel gewissermaßen von selbst ergibt. Ehe sie vor den Kammerspielen die Straßenbahn verlassen muß, weiß ihr Gegenüber, daß sie am Abend dort auftreten wird. Er nimmt sich vor, den Anlaß seiner Verzauberung im Theater genauer in Augenschein zu nehmen. Der elegant gekleidete dreiunddreißigjährige schmalgliedrige Herr mit dem blassen Gesicht hinter einer dunklen Hornbrille und der merkwürdig matten Stimme hat an den Kammerspielen einige Künstler-Freunde, denn er ist bereits ein über München hinaus ziemlich bekannter Dichter und Bühnenautor.

Zwanzig Jahre früher hatte in der Münchener Türkenstraße auch der junge Thomas Mann seine Katja Pringsheim in der Straßenbahn kennengelernt. Auch damals war es die sehr bayrisch-münchnerische Form weiblicher Selbstsicherheit, die sich einem von Gedankenschwere und Empfindsamkeit gebeugten Schriftsteller aus dem Norden unauslöschlich eingeprägt hat. «Furie» rief damals ein erboster Schaffner der wütend davoneilenden Katja Pringsheim nach. Vergeblich hatte sich der Beamte zuvor darum bemüht, ihr Billett sehen zu dürfen. Relativiert man die empörte Drastik dieses Wortes ein wenig, so hätte es ebensogut auf die junge Münchnerin Karoline Neher passen können. Ihre Miene kann sich ebenso zornig verfinstern, und an couragierter Eigenwilligkeit und Temperament fehlt es ihr nicht weniger. Allerdings entstammt sie nicht, wie Katja Pringsheim, einer alten vornehmen Familie, sondern einem einfachen Musikerhaus. Aber auch sie strahlt einen zwischen naiver Lebendigkeit und vitaler Souveränität irisierenden Zauber aus, der den Männern nicht nur auf der Bühne einige Rätsel aufgibt und diese verträumt an eine reizvolle Affäre denken läßt. Ihre etwas stählerne, aber auch singende Stimme steigert ihre erotische Ausstrahlung. Sie versteht es, ihre Attraktivität «nach allen Regeln der Kunst» für ihre Ziele einzusetzen. Ihre Ausstrahlung ist aber weniger kalkuliert als spontan. Kein Wunder, daß ihr die Männerherzen zufliegen.

Ob den nicht zum ersten Mal entflammten Dichter Alfred Henschke, der seinen kleinbürgerlich klingenden Namen schon vor dem Ersten Weltkrieg gegen das geheimnisvolle Dichter-Pseudonym Klabund eintauschte, die schauspielerische Leistung seiner attraktiven Bekanntschaft auf Anhieb beeindruckt hat, muß dahingestellt bleiben. Die kleine Hosenrolle bot ihr wenig Möglichkeiten zur Entfaltung der Talente. Als Schauspielerin sei sie in München noch weniger aufgefallen denn als junge Schönheit, meinte ihr Bruder im Rückblick. Vor Alfred Henschke hatte sich auch schon der ganz und gar unbürgerliche, ziemlich unbekannte Dramaturg Bert Brecht auf Anhieb für die junge Dame interessiert. Sie sollte bald zu seinem engsten Kreis gehören und ihren späteren Ruhm auf einige Rollen gründen, die ihr der hartnäckige Verehrer auf den Leib schreibt. Die Herren von den Münchner Kammerspielen halten sie jedoch für ziemlich unbegabt. Den Direktor Falckenberg stört ihr Mund, der sehe aus wie von «einer Leiche». Daß sie allerdings die Männer «wild» machen kann, war auch schon der Brecht-Freundin Marie Luise Fleißer aufgefallen. Eine beunruhigende «Treibhausluft» habe das Mädchen von Anfang an verbreitet. Arnolt Bronnen, in seinen Amouren ebenso vielseitig wie rücksichtslos, hat ihr das ungalante Attribut einer «netten kleinen Hur» zugewiesen – und dabei gründlich danebengegriffen. Ähnliche Ausfälle überhitzter Männerphantasien finden sich später auch in anderen Erinnerungen prominenter Theatergrößen. Lion Feuchtwanger beispielsweise erwog ein Rendezvous im Englischen Garten, wollte es dann aber doch nicht riskieren und schickte seinen Freund Bronnen an den verabredeten Treffpunkt.

Der zehn Jahre ältere Alfred Henschke, in Sachen Flirt alles andere als zögerlich und unerfahren, ist nach der abendlichen Vorstellung von der reizvollen Dame nur noch stärker fasziniert. Er erwartet sie am Bühnenausgang, überreicht ihr seine Visitenkarte und drängt auf ein abermaliges Zusammentreffen. Wie sehr ihn die erste Begegnung ins Herz getroffen hat, schreibt er ihr noch im August – nach einem Tête-à-tête im Englischen Garten – in einem Gedicht. «Hinter den Schläfen donnert der Niagara meiner Sehnsucht», ruft er ihr darin zu. Bei Betrachtung ihres Mundes ist er zu ganz anderen Empfindungen als der Direktor Falckenberg gekommen: «Dein Mund springt manchmal auf wie eine rote, reife Feige.»

Alfred Henschke, alias Klabund, der sich nach sprunghaften, aber achtunggebietenden Anfängen einen Namen als Lyriker, Dramatiker und Publizist gemacht hat, steht 1924 nach manchen Enttäuschungen vor seinem endgültigen Durchbruch als erfolgreicher Theaterautor. Ein halbes Jahr zuvor hat er für Elisabeth Bergner ein klassisches chinesisches Stück neu bearbeitet, das einer der größten Bühnenhits der zwanziger Jahre werden sollte: «Der Kreidekreis». Seine ersten Sporen hatte er sich mit frechen Versen in Anlehnung an François Villon erschrieben. Er hat auf den Brettern der berühmten Münchner und Berliner Kleinkunstbühnen vagantenhaft provozierende Lyrik, freche Gebrauchsverse und Balladen vorgetragen und mit seinen knappen, sich oft nur auf unscharfe Bilder stützenden Romanen und Grotesken über die literarische Szene hinaus Aufmerksamkeit erzielt. Seine bissigen Couplets und traurig-schwärmerischen Liebesgedichte sind in vielen Büchern verbreitet, einige seiner leicht einprägsamen, volksliedhaften Songs sind in vieler Munde. Seine zahlreichen, sehr freien Übertragungen fernöstlicher Dichtung haben besonders die Jugend entzückt. Für sie gehörte Klabund zu den liebenswerten romantisch-poetischen Vertretern seiner Dichtergeneration. In populären Zeitungen und Zeitschriften finden sich seine mit funkelndem Wortwitz formulierten Artikel und Erzählungen – Klabunds oft von einem «memento mori» überschattete Virtuosität trifft den Zeitgeist einer Epoche, die zwischen kühnen Aufbrüchen und grimmigen Vorausahnungen ihrem Untergang entgegentaumelt. Ihr «Tanz auf dem Vulkan» spiegelt sich in seinem quer durch alle Gattungen der Literatur tänzelnden Werk mit prallen Blitzen und Wortgewittern, mit lockeren Phrasen und klagenden Schreien.

Hinter dem Dichter liegt bereits eine beschwerliche Lebensstrecke. Obwohl es mit seiner Gesundheit schon seit seinen Kindertagen nicht zum besten steht, kann er bereits auf ein in vielen Ausgaben verbreitetes Lyrik-, Prosa- und Bühnenwerk zurückblicken – und auf eine endlose Reihe von Liebesbeziehungen. Am schmerzlichsten war die Liebe zu einer jungen Frau, mit der er sich schon nach kurzer Bekanntschaft verheiratete. Der Ehe waren nur wenige Monate vergönnt: eine Frühgeburt endete mit tödlichem Ausgang für Mutter und Kind und hinterließ einen tief getroffenen Witwer, der sich zwei Jahre lang in die Einsamkeit des Leidenden verspann. Aber schließlich faßte er wieder Tritt und veröffentlichte ein Buch nach dem anderen. Trotz seiner angeschlagenen Gesundheit erwachte in ihm auch wieder seine ausgeprägte Vorliebe für das andere Geschlecht.

Als sich der fast vierunddreißigjährige Dichter und die zehn Jahre jüngere Schauspielerin in diesem Sommer 1924 zum ersten Mal begegnen, steht fest, daß Karoline Neher nicht lange in München bleiben kann. Für die kommende Spielzeit hat sie ein Engagement am «Lobe-Theater» in Breslau. Auf dieser Bühne hat schon manche Schauspielerkarriere der Weimarer Republik – beispielsweise die von Peter Lorre – begonnen. Eine künstlerische Atempause kommt für Karoline nicht in Frage, und so muß sich der frisch verliebte Dichter zum ersten Mal in seinem Leben den ehrgeizigen Plänen einer Frau fügen, will er sie nicht schnell wieder an das unberechenbare Getriebe des Theaters verlieren. Er kennt die flatterhafte Welt der Bühne aus nächster Anschauung nur allzu gut. Er weiß auch, daß ihm ein zärtliches Verhältnis mit einer Frau vom Theater viel, wenn nicht Unmögliches abverlangen wird. Schließlich hat er sich schon seit Beginn seiner schriftstellerischen Laufbahn viele Nächte im Umkreis von Theaterleuten um die Ohren geschlagen und das selbstvergessene und -verliebte Treiben in Schwabings Künstlerlokalen und auf Brettl-Bühnen in vollen Zügen genossen. Unter sträflicher Mißachtung seiner angegriffenen Konstitution hat er sich in hastig wechselnde Affären gestürzt. Seine Begeisterung für die Bühne und das Leben unter Künstlern beschränkte sich in den Jahren vor dem Ersten Weltkrieg – er war damals Anfang Zwanzig – in erster Linie auf Kleinkunst-Etablissements. Auf den Spuren des von ihm verehrten Meisters Frank Wedekind hat er sich unter das Münchner Künstlervolk gemischt und schon früh alle Aussichten auf ein geordnetes, bürgerliches Berufsleben, das sein Vater ihm vorbestimmt hatte, fahren lassen. Sosehr ihn der Glanz der Boheme jedoch in den Bann schlug, Alfred Henschke hat keineswegs den Müßiggang eines Bohemiens im Sinn. Er ist von umtriebigem Fleiß, sein Drang nach dem Ruhm und dem Erfolg eines Schriftstellers ist ebenso unstillbar wie der seiner neuen Freundin nach der großen Theaterkarriere.

In Liebesdingen neigt er zum unbedenklichen Draufgängertum, kann er ansteckenden Charme entwickeln, der sein labiles Naturell vergessen macht. Aber bisher war doch *er* es immer gewesen, der die Frauen in seinen Bann zog, war es *seine* Abenteuerlust, die den erotischen Verhältnissen die Richtung gewiesen hatte. Diesmal sollte es anders kommen: Diese schöne Münchnerin wird ihm nicht wie die unzähligen anderen Verehrerinnen schwärmerisch zu Füßen liegen. Diese Frau wird sein wiedergefundenes Gleichgewicht empfindlich destabilisieren. Er spürt es von dem Augenblick an, da er Karoline Neher zum ersten Mal in der Straßenbahn in die Augen geblickt hat. Von seiner Seite ist es Liebe auf den ersten Blick, von ihrer Seite ist es, fürs erste, nur ein reizvoller Flirt.

Aber Amors Pfeile haben tiefer getroffen, als die Schauspielerin es sich eingesteht. Wenige Tage später sind sich die beiden nach Spaziergängen im Englischen Garten und heißen Schwabinger Sommernächten sehr nahe gekommen: Der Dichter will der Schauspielerin nach Breslau folgen. Vorher muß er noch in Berlin Station machen, wo eine Arbeit als Texter für den Stummfilm «Ein Sommernachtstraum» auf ihn wartet. Vielleicht kann er dann den Aufenthalt in ihrer Nähe durch einige schwerelos hingeschriebene Artikel für Zeitungen finanzieren. Er hat bisher immer von der Hand in den Mund gelebt, konnte sich aber immer noch rechtzeitig aus größter ökonomischer Not befreien – wenn es dazu auch gelegentlich der Hilfe seiner vielen Freunde bedurfte. Bisher ist er immer seiner inneren Stimme, niemals den Gesetzen bürgerlicher Umsicht gefolgt. Und seine neue Bekanntschaft teilt seine Abenteuerlust. Sie feuert sie geradezu an. Bedächtigkeit ist beiden ein Greuel. Man ist jung und will das Leben und die Kunst in vollen Zügen genießen. Was die Politik betrifft, so halten sie sich beide ziemlich weit davon entfernt. Das Deutschland der jungen Republik ist ein Tummelplatz der unterschiedlichsten Ideen und Ideologien, aber Alfred Henschke und Karoline Neher treffen sich in ihrer Großherzigkeit und naiv-verspielten Distanz gegenüber jedwedem Dogma. In ihren Künstlerkreisen sind sie oft von Dogmatikern umgeben, die bis in den Morgen hinein über Rot, Braun und Schwarz debattieren. Der Dichter hält sich davon lieber fern. Voller Ingrimm hat er ein Jahr vorher in einem Gedicht «Vorfrühling 1923» geschrieben: «Rassenkampf! Klassenkampf, wer geht mit? (Ich passe / Und offeriere für Kriegsberichterstatter fünftausend ungedruckte Stimmungsbilder aus dem vorletzten / Weltkrieg, sofort greifbar gegen Kasse)». Er hat mit der Politik schon unliebsame Erfahrungen machen müssen und sich mit offenen Briefen an den Kaiser, den amerikanischen Präsidenten und die Nationalsozialisten einige Feinde geschaffen. Unmittelbar nach dem Ersten Weltkrieg mußte er neun Tage auf einer kalten Gefängnispritsche zubringen. Der plebejische Häftling in Landsberg ist ihm ebenso ein Greuel wie alles verstockt Konservative. Aber auch zu den Verfechtern der Linken hält er Distanz. Mit Karoline Neher teilt er die Vorliebe für eine radikale Liberalität der Sitten und Gesinnungen. Er wird es bis an das Ende seines kurzen Lebens so halten. Sie hingegen, das nicht weniger furchtlose Kind eines von Gewalt und ideologischer Brutalität gezeichneten Jahrhunderts, das – wie sie selbst – erst vierundzwanzig Jahre jung ist, wird sich einmal auf einen Teufelspakt mit der Politik einlassen und die tödlichen Verwüstungen von Rassenkampf und Klassenkampf noch grausam erfahren. Daß der Name Henschke eines Tages, nicht zuletzt wegen der Denunziation eines Kollegen vom Theater, in den Archiven des sowjetischen KGB eine traurige Rolle spielen wird, ahnt in diesem Sommer des Jahres 1924 glücklicherweise niemand. Das Liebesgeflüster läßt dem tatendurstigen Paar keine Zeit für düstere Spekulationen. Die beiden verlassen noch im selben Monat das gastfreundliche München in Richtung Norden. Gemeinsam wollen sie, erst einmal in Breslau, eine neue Zukunft begründen. Vier von leidenschaftlicher Liebe und quälenden Zerwürfnissen, von künstlerischen Triumphen und tödlicher Bedrohung bestimmte Jahre liegen vor ihnen. Der Dichter und die Schauspielerin werden ein Paar sein, von dem man in Deutschland bald sprechen und schreiben, dessen anfängliche Begeisterung füreinander jedoch bald schweren Belastungen ausgesetzt sein wird.

Der Primus

Die kleine Stadt Crossen liegt auf dem ehemaligen Gebiet
der Mark Brandenburg, dort wo das kleine Flüßchen Bober in
die Oder mündet. Seit dem Ende des Zweiten Weltkrieges
gehört es zu Polen und heißt Krosno Odrzanskie. Das einstige Garnison-Städtchen beherbergte vor dem Zweiten
Weltkrieg nur einige Tausend Einwohner. Es hat außer einer
schönen Marienkirche nur wenige Sehenswürdigkeiten zu
bieten, ist aber von Wasserarmen so sehr durchzogen, daß
Friedrich der Große – dem launigen «Ortschronisten» Alfred
Henschke zufolge – seinen Bewohnern einmal empfahl, auf
die Höhen der nahe gelegenen, sicheren Bergrücken umzu-
siedeln. An derlei Sicherheiten war den Crossenern jedoch
nicht gelegen, und auch das wütende Verdikt des Alten
Fritz: «Bleibt, wo ihr seid und versauft in eurer Dummheit»,
vermochte ihren Sinn nicht zu ändern. Im Laufe der Zeit
gelang es ihnen, eine kleine prosperierende Industrie in den
feuchten Niederungen anzusiedeln: Sägewerke, Leder-, Me-
tall- und Textilfabriken. In dieser von Bürgerfleiß und bescheidenem Wohlstand geprägten Kleinstadt, nicht allzu-
weit der 60 000 Einwohner zählenden Stadt Frankfurt an der
Oder, leben seit 1888 auch der angesehene Apotheker Alfred Henschke, der es zum Bürgermeister und auch zu beachtlichen pianistischen Fertigkeiten gebracht hat, und seine
Frau. Von ihren beiden Söhnen wird der jüngere und kräfti-
gere Sohn Hans später die Apotheke übernehmen. Den erst-
geborenen Georg Hermann Alfred Henschke zieht es mit
Macht in eine ganz andere Richtung: zur Kunst. Alfred
Henschke wurde am 4. November 1890, im gleichen Jahr

21

wie Kurt Tucholsky und Franz Werfel, geboren. «Hin und wieder», wird er später schreiben, hätten die Crossener neben all den braven Normalbürgern auch «einen rechten Unruhestifter in die Welt geschickt, allerlei wunderliche und aufgeregte Leute wie den alten Konrektor, der als erster am lenkbaren Luftballon herumexperimentierte, den Philosophen Rudolf Pannwitz und den Schreiber dieser Zeilen». Er begeistert sich schon als Kind für die Musik, erlernt eifrig das Klavierspiel und ist zudem ein fabelhafter Schüler. Früh versucht er sich auch mit dem Schreiben von Geschichten – fast ausschließlich solchen, in deren Mittelpunkt er selbst steht. Er ist ein liebenswürdiges, aber ziemlich scheues und träumerisches Kind, das sich am liebsten in den Auen der Oder herumtreibt, um dort zu angeln oder sich am «Heidehibbel» in kühne Phantasien hineinzusteigern. «Dort gingen Geister um. Ich habe einmal versucht, Geister zu beschwören. Aber kein Geist zeigte sich. Nur ein hübsches Mädchen aus Rusdorf.» In seinem anekdotenreichen Eulenspiegel-Roman «Bracke», der in Episoden, Schwänken und Geschichten das Hohelied vom anarchischen Außenseiter in der Mark Brandenburg zur Zeit der großen Kurfürsten, aber in Wahrheit das eigene Lebensgefühl der zwanziger Jahre besingt, wird er der Magie des «Heidehibbels» später ein romantisches Denkmal setzen. Zwischen Grillenmusik, Heuschrecken und Kiefernwäldern tanze dort des Nachts ein goldenes Irrlicht, das man den Heidestern nenne, welches allen Heidewanderern in Frieden und Wahrheit heimleuchtet. Der zierliche, aber mutige Knabe erlernt das Schwimmen in der nahen Militärschwimmanstalt am Fluß, baut dort mit seinen Freunden kunstreiche Dämme und wächst im übrigen wohlbehütet und weitgehend sorglos auf. Alfred Henschke wird in seinem Leben alles andere als seßhaft werden – um so mehr wird ihm das kleine Crossen an der Oder als liebgewonnene Heimat erscheinen. Im Alter von fünfunddreißig Jahren wird er sich in einem kleinen Gedicht erinnern:

Die Eltern des Dichters: der klavierspielende Apotheker und Bürgermeister aus Crossen an der Oder und seine Frau.

Oft
Gedenk ich deiner
Kleine Stadt am blauen
Rauhen Oderstrom,
Nebelhaft in Tau und Au gebettet
An der Grenze Schlesiens und der Mark
Wo der Bober in die Oder
Wo die Zeit
Mündet in die Ewigkeit.

Der Knabe hat vom Vater nicht nur dessen erhebliche Energien, sondern auch dessen Anfälligkeit für Krankheiten ererbt. 1897 wird er – wegen Masern um ein Jahr verspätet – eingeschult. Seine Gesundheit scheint sich zu stabilisieren, bis er sich nach einem Bad in einem eiskalten Weiher und einer anschließenden Wanderung durch Regen und Kälte eine schwere Rippenfellentzündung holt, die ihn für Monate ans Bett fesselt. Wieder genesen, muß er Crossen verlassen. Da die Stadt nur ein «Real-Progymnasium» besitzt, soll der hagere, kurzsichtige Knabe auf ein höheres Gymnasium in Frankfurt an der Oder wechseln. Er bezieht dort eine Schülerpension, von der aus er nur in den Ferien nach Hause zurückkehrt. Die neue Daseinsform gefällt ihm, er erweist sich schnell als Klassenbester und knüpft enge Freundschaften mit seinen Mitschülern. Zu ihnen gehört auch sein Stubengefährte Stephan Benn, mit dem ihn die Lust an allem Kommödiantischen und Schalkhaften verbindet. Als dieser ihn mit seinem Medizin studierenden Bruder Gottfried bekannt macht, entwickelt sich eine enge Freundschaft mit dem vier Jahre Älteren. Sie wird bis zu Alfred Henschkes Lebensende andauern. Aber die Krankheit, die im Crossener Zackenfallweiher begann, holt ihn auch in seinem neuen Wohnort bald wieder ein. Der Sechzehnjährige wird von einer doppelseitigen Lungenentzündung befallen und muß für einige Wochen das Bett in einem Krankenhaus hüten.

Danach scheint er leidlich wiederhergestellt. Er soll jedoch zur endgültigen Rekonvaleszenz im Februar 1907 mit seinem Vater nach Locarno reisen. Das milde Klima im Tessin bekommt ihm so gut, daß er später noch oft dorthin zurückkehren wird. Er genießt die südliche Wärme – und auch seine Lust am Phantasieren erhält hier neue Nahrung. Noch 1927 erinnert er sich in einer Betrachtung für das Berliner Tageblatt an das angebliche «Spukland» Tessin. Einmal habe er dort unversehens einen Knall wie von einem Schuß vernommen und gleichzeitig einen Schlag in einer Hand verspürt, ohne die Ursachen dieses Phänomens feststellen zu können. Überhaupt seien dort Merkwürdigkeiten aufgetreten, wie «zuweilen nachts in meinem Schlafzimmer bei verschlossenen Fenstern und verschlossener Tür ein leiser, surrender Wind, der durch die Wand und durch meinen Körper zu wehen schien und die Gardinen am Fenster heftig bewegte». Die extreme Empfindsamkeit, das brennende Interesse für alles Immaterielle und die ausschweifenden Phantasien des Knaben saugen ihn geradezu in das Reich der Literatur: Er liest sich, wie sein erster Biograph Guido von Kaulla mitgeteilt hat, mit «auffallend hoher Lesegeschwindigkeit» durch die Weltliteratur und versucht sich am Schreiben von Gedichten. Er spürt in sich das Talent zum Dichter – aber er wird auch von Zweifeln geplagt, ob er einmal zu den Großen und Erfolgreichen zählen wird. Es fällt ihm dank seiner hohen Intelligenz leicht, lyrische Formen zu kopieren. Er springt ungeduldig von einem Thema und von einer Form zur anderen. Er unterwirft sich begierig jenem rastlosen Schreib- und Lese-Eifer, der ihn nie mehr verlassen und später seine Kritiker zu spöttischen Seitenhieben provozieren wird. Etwa ab dem sechzehnten Lebensjahr inspirieren die vehement auf ihn einstürmenden Liebesgefühle seine literarischen Versuche. Zuerst ist es ein junges Mädchen aus Crossen, das ihn – noch ist er ein ziemlich schüchterner Jüngling – zu hymnischen Versen

Vor dem Ersten Weltkrieg in Münchens bekanntester Künstlerkneipe, dem «Simplicissimus»; ganz links die Wirtin Kathi Kobus.

auf sie anregt, dann ist es eine Cousine, die ihn reichlich verwirrt, dann gelten seine emphatischen Gedichte der Schwester eines Freundes. Alfred Henschke mag wegen seiner häufigen Krankheiten körperlich labil sein und äußerlich nicht gerade dem Prototyp des Frauenhelden entsprechen, aber die Mädchen reizt sein kecker Charme und sein loses Mundwerk. Gerade hat er sein Abitur in Frankfurt an der Oder als «primus omnium» absolviert. Alfred Henschkes idealistischer, alle Widerstände der Realität furchtlos überwindender Mut zu neuen Ufern entführt ihn immer wieder in jene schwärmerischen Gefilde der Seele, in denen Krankheit und Entbehrung keine Macht mehr über ihn haben – das fasziniert seine Umgebung, macht ihr den unbürgerlichen Sonderling sympathisch und läßt sie alle Unvollkommenheiten des ständig überanstrengten jungen Mannes leicht vergessen.

Die erste Station des Aufbruchs aus der Mark Brandenburg in eine andere, aufregendere Welt soll München sein. Zum Wintersemester 1909 schreibt er sich an der Ludwig-Maximilians-Universität als Student der Germanistik ein (nicht der Pharmazie, wie gelegentlich behauptet wird!). Er bezieht ein kleines Zimmer in Schwabing. Sein Vater hofft noch, daß diese Entscheidung der Vorbereitung auf den rechtschaffenen Beruf eines Lehrers dienen möge. Alfred Henschke weiß aber, daß es für ihn nur ein einziges Ziel geben kann: den Berufsschriftsteller. Er verschweigt seinen Eltern diese Gewißheit wohlweislich, denn besonders der fürsorglichen, aber ängstlichen Mutter erscheint seine Fixierung auf die Literatur höchst bedenklich.

Noch ist er ein wohlerzogener, aber etwas unsicher auf dem Boden der Tatsachen stehender neunzehnjähriger Kleinstädter. Aber seine enorme Zähigkeit läßt ihn seiner gefährdeten Konstitution nicht achten. Er will sein Dichterglück mit ganzer Kraft suchen, wenn notwendig die Nacht zum Tage machen. Mit glühender Neugierde stürzt er sich zunächst einmal in den Universitätsbetrieb. Weit vor allen ehrwürdigen Professoren, deren langatmige Vorlesungen den Neuankömmling bald langweilen, zieht ihn ein junger Gelehrter in seinen Bann. Der zwölf Jahre ältere Arthur Kutscher ist ein Jahr zuvor als Privatdozent für neuere deutsche Literatur aus Hannover nach München gekommen. Da seine Leidenschaft dem Theater gilt, hat er damit begonnen, so praxisnah wie möglich die Theaterwissenschaft auf einen moderneren, weniger akademisch-starren Stand zu heben. Er ist ein rundum gebildeter, wenngleich höchst eitler Wissenschaftler, der später mehrere grundlegende Studien veröffentlichen und bis in die Zeit nach dem Zweiten Weltkrieg eine Münchner Institution werden sollte. Bis heute erinnern die von ihm inspirierten «Kutscher-Reisen» an diesen legendären Kunst- und Kulturkenner. Er ist ein begnadeter Pädagoge, der sich weniger am Rednerpult als im Zuschauerraum des Theaters, in leidenschaftlichen Diskussionsrunden und in den Kneipen Schwabings zu Hause fühlt. Mit vornehmer Ironie wird Henschke ihn einmal als «Professor Arthur Bodenlos» in einem kleinen Dramolett auftreten lassen. Ein von Kutscher frequentierter Stammtisch in den «Torggelstuben» neben dem Hofbräuhaus entwickelt sich zu einem Anziehungspunkt weit über die Studentenkreise hinaus. In seinem Mittelpunkt jedoch steht ein anderer Mann, der das Theaterleben Münchens wie kein anderer dominiert und auf seine Zuhörerschaft wie der Magier einer neuen Zeit wirkt: Frank Wedekind. Dieser hat in der Schweiz, etwa als Werbeleiter der Firma Maggi, in Paris, in Berlin und in Wien gelebt, ist viel auf Theatertourneen unterwegs, fühlt sich aber am wohlsten in Münchens Boheme. Wegen eines in der Zeitschrift «Simplicissimus» abgedruckten Gedichtes hat er schon einige Monate Festungshaft wegen Majestätsbeleidigung überstehen müssen, seine Auftritte auf Kabarettbühnen, vor allem bei den Münchner «Elf Scharfrichtern», sorgen regelmäßig für Stadtgespräche. Er spielt Rollen in seinen eigenen Stücken, in denen er mit beißender Schärfe einen radikalen Individualismus und eine Entfaltung hemmungsloser Instinkte und Empfindungen jenseits aller Bürger-Moral fordert. «Sexuell bis in die Fingerspitzen; mit Fähigkeit, in hohem Maße glücklich zu sein; keinen Katzenjammer kennend», wünschte er sich den Menschen des neuen Jahrhunderts. Die Begegnung mit dem schon erfolgsverwöhnten Dichter und Rhapsoden Frank Wedekind wirkt auf Henschke berauschend. Dieser Mann hat all das, was Alfred Henschke fehlt oder *noch* fehlt, was er aber mit heißem Herzen ersehnt: physische und rhetorische Kraft, antibürgerliche Unbedenklichkeit, poetischen Furor und stürmische Bewunderung. Einige frühe Gedichte Henschkes verraten daher das Vorbild Wedekind, der mit seinem rigorosen Moralismus, seiner Lust an Sensation und Groteske das naturalistische Theater der Ibsen-Schule besiegt hatte und zu einem vielbewunderten und vielgehaßten Star des zeitgenössischen Theaters avanciert war. Was ihn von diesem Berserker des Eros und der Kunst jedoch unterscheidet, weiß der bescheidene und umgängliche Neuling nur allzu gut. Er fühlt sich Wedekind jedoch «sehr verwandt. Er ist einer der wenigen Menschen, die ich wirklich lieb habe.» Er läuft nur kurze Zeit Gefahr, dem Vorbild und Anreger allzu dicht auf den Spuren zu bleiben – doch sein Wille zu einem eigenständigen Weg ist stark genug, um nicht zum Epigonen zu werden.

Bis zum Ende des Jahres 1909 hat der angehende Poet schon Hunderte von eilig zu Papier gebrachten Gedichten, Erzählungen, Dramenentwürfen vorzuweisen. Noch sind es hastige Versuche im Banne des Expressionismus, unsichere Etüden, die sprachliches Talent, aber keine eigene Handschrift erkennen lassen. Vieles klingt noch jünglingshaft überschwenglich und altklug. Unsicher und ungeduldig erprobt sich ein um den genauen Ausdruck ringendes lyrisches Ich an äußerst behende übernommenen Sprachmustern.

Nach einem Dreivierteljahr in München drängt es Henschke wieder für kurze Zeit in den Norden. Er möchte endlich die Metropole Berlin kennenlernen und wieder in der Nähe seiner Eltern und Freunde – und seiner Heimatstadt Crossen sein können. In Berlin sucht er sich ein bescheidenes Zimmer nahe der Frankfurter Allee. Aber mehr als in die Hörsäle der Universität zieht es den Studenten auch hier in die Nähe der Künstlerwelt oder dem, was er dafür hält: in Tanzsäle, Kneipen, Varietés und Kabaretts. Noch in Crossen hat er einen gleichfalls der Literatur ergebenen Bankbeamten kennengelernt, den achtzehn Jahre älteren Gelegenheitsschriftsteller Walter Heinrich, der sich als Autor «Unus» nennt. Mit ihm führt der Jüngere von 1910 an einen lebhaften Briefwechsel, an dem sich sein künstlerisches Reifen anschaulich ablesen läßt (Heinrichs Briefe sind leider verschollen). «Gestatten Sie, daß ich mit der Tür in's Haus falle», schreibt der jetzt Zwanzigjährige an den hochverehrten Mentor. «Erstens: ich halte mich für einen Dichter. Sie werden sagen, das tun andere auch. Zweitens: vielleicht bin ich auch einer. Sie werden sagen, wenn Sie das nicht einmal selbst wissen! Worauf ich eine ebenso wohlfeile wie wehrlose Phrase bei den Haaren herbeiziehe: Der Zweifel ist des Glaubens liebstes Kind.» Aus diesen Zeilen spricht inzwischen nicht mehr der schüchterne Alfred Henschke, bei dem sich Selbstsicherheit und Skepsis, Übermut und distanzierende Ironie, Anspruch und Selbstzweifel fast immer die Waage halten werden. «Um Ihnen ein wenig zu imponieren, folgt jetzt eine Reihe von Zahlen und Titeln. Ich habe 597 Gedichte, 29 Novellen, 13 Einakter, 1 Roman, 1 Aphorismensammlung, dazu Fragmente und Materialsammlungen zu Dramen und Romanen größten Stils (Don Juan, Nausikaa, Adam und Eva usw.) Essays usw. geschrieben.» Aber er meint auch einschränkend, er könne «Dinge, die mir im

Frank Wedekind – bewunderter Freund und kraftstrotzendes Vorbild.

Grunde wirklich zart erscheinen, manchmal nur durch Plumpheiten ausdrücken … Ich bitte Sie um Rat, weil ich wirklich sonst niemand um Rat zu fragen hätte und ich nicht ewig alles in mich hineinfressen möchte.» Er wird diesen Rat oft erhalten und gewinnt in dem feinsinnigen Mann einen großherzigen und sachkundigen Gesprächspartner, einen besonnenen Ratgeber. «Ob ich nun», schreibt er ihm einmal, «ein schlechter oder guter ‹Dichter› bin, jedenfalls sind mir die Organe zu einer anderen Lebensart verkümmert.» Er bittet Heinrich um die Vermittlung zum «Simplicissimus», den er in München schätzen gelernt hat. Das satirische Wochenblatt, an dem Jahre zuvor schon Thomas Mann als Redakteur gearbeitet hat, und das nicht nur durch die aufsässigen Äußerungen Wedekinds seiner Lust an der Provokation entgegenkommt, entspricht ganz seiner Suche nach literarischer Leichtigkeit und bissiger Schärfe. Es sei «beinahe der einzige Weg für mich, in die Literatur zu gelangen». Auch bittet er Heinrich, ihm die Bekanntschaft mit Heinrich Mann zu vermitteln, mit dem ihn eine gewisse Übereinstimmung des Ziels verbinde. Dazu kommt es freilich nicht. Wenig später macht ihm schon wieder ein «bösartiger Husten» zu schaffen, weswegen er im Sommer 1911 für mehrere Wochen nach Bad Brückenberg im Riesengebirge geschickt wird, wo er sich von der «Höhenluft, es sind immerhin 890 m» erhofft, daß sie sich «reinigend auf den Geist auswirke». Um den Geist ist es dem Kranken in erster Linie zu tun, von seinem quälenden Husten berichtet er so gut wie nichts. «Ich atme tief, esse Eier, trinke Milch, friere und weide mich an den violetten Seidenstrümpfen und Lackschuhen der Ansichtskartendame auf der Schlingelbaude, die aber keine weiteren Reize aufzuweisen hat. Alle Frauen sehen hier entsetzlich aus …» In Berlin hat er in langen Nächten schon oft ziemlich wahllos mit den Schönen der Nacht geschäkert. Als ein Freund ihn einmal einen «Kettenraucher der Liebe» nennt, meint er, er bereue nur die Dummheiten, die er nicht gemacht habe.

Schon im Herbst 1911 ist Alfred Henschke wieder in München, wo er sich wieder in den Kreis um Arthur Kutscher einreiht. «Ich atme auf – von Berlin», schreibt er an Heinrich, «Sie schimpfen so auf München, damit meinen Sie das Biervolk – aber das andere, die Straßen, den englischen Garten, die ‹Menschen›, sind sie nicht liebenswürdiger als in Berlin?» Er stürzt sich wieder in das kulturelle Leben der Stadt. «Vorgestern hat Wedekind sein neuestes Mysterium vorgelesen, ‹Franziska›. Ein wundervoller erster Akt, dann schwillt es ab, den vierten versteh ich überhaupt nicht». Den Bedenken seines preußischen Mentors, ob München der rechte Ort für ihn sei, begegnet er vehement: «Es wäre mir überall ebenso ergangen. Ich habe nämlich ein ganz undiszipliniertes Temperament, es gelingt mir wohl manchmal, es wie den wandelbaren Geist des Märchens in die Flasche zu verschließen, aber ich kann es nicht länger halten, der Korken springt und ein Riese schwillt empor.» Unablässig – und vor allem schnell – schreibt er Gedichte, kleine Aufsätze und Briefe, oft im Café Stefanie, «wo ich einen großen Teil meines Lebens leider zubringe». Aber lästiger Husten quält ihn erneut. So reist er wieder mit seinem Vater in das Tessin. «Das Essen ist gut, bloß mit meiner Gesundheit ist immer noch alles nicht so, wie es sein soll.» An den Abenden treibt er sich häufig in der Spielbank herum, beobachtet seine Umgebung, gewinnt einmal «kümmerliche 10 frs». Er wird künftig noch oft in Spielsälen verkehren und dem Kartenspiel frönen. Das spielerische Risiko fasziniert ihn. Beiläufig bemerkt er in einem Brief vom 23. März 1912, daß er nun endlich um die genaueren Ursachen seines ständigen Hustens weiß: «geschlossene Tuberkulose heißt der fachmännische Ausdruck». Man darf annehmen, daß Vater und Sohn genau erkannt haben, was diese Diagnose mit all ihren Konsequenzen bedeutet. Aber Henschkes Briefe lassen keinen Zweifel daran, daß er die schreckliche Wahrheit nicht zu akzeptieren bereit ist.

Was es noch bis in die Jahre nach dem Zweiten Weltkrieg bedeutete, an Tuberkulose zu erkranken, vermögen wir uns heute nur noch schwer vorzustellen. Noch bis zur Mitte unseres Jahrhunderts kam die Tuberkulose-Diagnose beinahe einem Todesurteil gleich. Man kannte in der ersten Jahrhunderthälfte nur zwei Wege, die Krankheit zu bekämpfen, und beide waren nur selten erfolgreich. Zum einen versuchte man, durch lange Klimakuren in waldreichen Höhenlagen, durch eine «gesunde Ernährung» und die Vermeidung von Anstrengungen die Abwehrkräfte des Patienten zu mobilisieren. Zum anderen bemühten sich die Ärzte seit den Forschungen des Berliner Arztes Ferdinand Sauerbruch, die Tuberkulose chirurgisch zu besiegen: durch eine Rippenresektion. Vermittels des «Pneumothorax», dessen geräuschvolles Wirken Thomas Mann in seinem «Zauberberg» so spöttisch beschrieben hat, wurde ein Teil der Lunge stillgelegt. Für Alfred Henschke kam diese zweite Behandlungsmethode bereits nicht mehr in Frage, weil vermutlich schon bei jener ersten heftigen Erkrankung nach dem Bad im Crossener Weiher beide Lungenseiten befallen wurden. Heute läßt sich die Tuberkulose mit Chemotherapeutika und Antibiotika so nachhaltig bekämpfen, daß ihre Bedrohung weitgehend gewichen ist. Zwar wurde bei Henschke «nur» eine geschlossene Tuberkulose diagnostiziert, und diese gilt als nicht ansteckend. Aber von nun an sind alle Träume von einem kraftvollen, gesunden Leben nach den Idealen eines Frank Wedekind ausgeträumt. Alfred Henschke wird für den Rest seines kurzen Lebens ein Kranker und ein Leidender sein, der jeden Tag mit einer dramatischen Verschlechterung seines Zustandes rechnen muß. In seiner Lebensführung und auch bei der Ausübung seiner schriftstellerischen Arbeit muß er sich äußerster Schonung unterwerfen. Alles andere fällt ihm leichter als das.

Die niederschmetternde Erkenntnis löst in Henschke eine

entschlossene Trotzreaktion aus. Von nun an wird er sich noch rückhaltloser, aber ohne jeden Anflug von Selbstmitleid in das Leben, die Liebe und die Arbeit stürzen. Ärzte haben bei Tuberkulosepatienten vielfach eine extreme Steigerung ihrer Sensibilität und Sinnlichkeit festgestellt. Wir kennen die Wechselbeziehungen von Lungenkrankheit und Künstlertum aus den traurigen Lebensgeschichten von Chopin oder Tschechow. Puccinis «La Bohème» oder Verdis «La Traviata» haben das Thema weidlich ausgeschmückt. Im «Zauberberg» hat Thomas Mann den Prozeß einer schleichenden psychischen Veränderung scharfsichtig beschrieben. Alfred Henschkes genetische Disposition und der Würgegriff seiner Erkrankung verschränken sich zu einer «febrilen» Rast- und Ruhelosigkeit, einer wie unter Strom stehenden inneren Erregung und Lebensgier, die seine ohnehin schon verblüffenden Energien in bizarre Höhen steigern. Lieben und Schreiben – auf beiden Gebieten kennt der mit seinen Talenten, seiner Phantasie und seiner Vitalität ebenso verschwenderisch wie fahrlässig umgehende Dichter nun kein Halten mehr. Angesichts seines enormen, vielfältigen Schreibpensums, aber auch angesichts seiner selbstzerstörerischen erotischen Abenteuerlust, drängt sich die Frage auf, ob ein gesunder Alfred Henschke sein gelegentlich allzu flüchtig erscheinendes schriftstellerisches Werk ökonomischer und damit vollkommener zur Reife gebracht hätte. Man kann die Frage wohl verneinen: Dieser hochbegabte Dichter war vermutlich nicht dazu geschaffen, sich durch strenge Selbstdisziplin in den Olymp der großen Vollender und «Klassiker» emporzuschreiben. Seine insgesamt vierzehn «Romane», die aus historischen Stoffen mit verblüffender Sorglosigkeit Parabeln der Gegenwart und vor allem seiner eigenen Befindlichkeit entwickeln, lesen sich oft wie im Stenogrammstil geschrieben: atemlos, mit geradezu brausender Gefühlsintensität jagen sie dahin. In ihrer Kurzatmigkeit sind sie weder – wie oft fälschlich unterstellt wird – dem Expressionismus noch der «Neuen Sachlichkeit» zuzuordnen. Es sind eher assoziationsgeladene längere Gedichte in Prosaform. «Borgia. Roman einer Familie» beispielsweise, in den Jahren 1924–27 entstanden, stützt sich keineswegs auf ein exaktes Quellenstudium, sondern folgt hurtig einigen Abschnitten aus Jacob Burkhardts 1860 erschienenem Geschichtswerk «Kultur der Renaissance in Italien» – die Erzählhaltung ist widersprüchlich, der Sprachrhythmus überhastet. Auftretende historische Figuren wie Macchiavelli oder Savonarola werden nur skizziert, und Rodrigo Borgia, der spätere Papst Alexander VI., ist eher ein Produkt überschäumender Phantasie als eine Figur der Geschichte. Der Roman feiert die Borgias als Repräsentanten amoralischen Lebenshungers und formuliert die eigenen Träume vom Leben jenseits aller Normen und Gesetze. Das rastlose Produzieren verleitet seinen Freund Gottfried Benn einmal zu der bösen Formulierung, der «fingerfertige» Alfred Henschke habe viele seiner Werke «hervorkarnickelt». Das war polemisch überzogen, aber der Vorwurf des Flüchtigen – man könnte auch sagen: Salonhaften und Vagen – bleibt an ihm haften. Der schon in den frühen Anfängen erkennbare Drang, die literarische Welt gewissermaßen mit Siebenmeilenstiefeln zu durcheilen und sich dabei bis zur Selbstaufgabe zu verschwenden, war durch nichts und niemanden zu bremsen. Der Qualität seines immer originellen, oft aber auch oberflächlich erscheinenden Werkes hat das mitunter Abbruch getan – der uneingeschränkten Identität zwischen dem Ich des sich selbst schrittweise vernichtenden Künstlers und der mit schwerem Leid und völliger Hingabe an das Leben erkauften Größe und Reinheit seiner Menschlichkeit hat es auf traurige Weise genutzt.

Ein Irrwisch aus Nymphenburg

Im Jahr 1900 stirbt der Schriftsteller Oscar Wilde – nach der Entlassung aus dem Zuchthaus im englischen Reading – in seinem Fluchtort Paris. In die Haft hatte ihn der Verfolgungswahn eines Mannes gebracht, der dem lebenslustigen Dichter und Dandy die Schuld für die Verführung seines Sohnes Alfred Douglas zur Last legte. Bürgerliche Konventionen feiern nicht nur im Viktorianischen England um die Jahrhundertwende ihre verlogenen Triumphe. Auch im Wilhelminischen Deutschland, das zu dieser Zeit unter einer kräftigen Wirtschaftskrise leidet, stehen die Ideale bürgerlicher Wohlanständigkeit noch hoch im Kurs, bleiben nichtangepaßte Künstler im gesellschaftlichen Abseits. Das Kaiserreich benötigt gehorsame Diener, die sich den offiziellen Moralvorstellungen widerstandslos unterordnen. Es herrscht eine strenge Zensur; auch in Deutschland wäre es Oscar Wilde wohl kaum besser ergangen. Das Land braucht Zucht und Ordnung; andererseits sucht es nach neuer Stärke und bereitet sich gerade auf eine Erweiterung seiner Seestreitkräfte vor. Die Signale einer neuen Zeit sind allerdings unübersehbar. Die Pariser Weltausstellung läutet eine neue Ära des technischen Fortschritts ein, der erste Zeppelin steigt in die Lüfte, und in Wien veröffentlicht Sigmund Freud seine «Traumdeutung», die das Bürgertum zutiefst verunsichern wird. «Ich bin nicht bereit, noch einmal über diese Witzfigur zu sprechen», meinte später der russische Dichter Vladimir Nabokov einmal gegenüber Thomas Mann – ähnlich haben es viele seiner Generation gesehen und vor neuen Einsichten in das Innen- und Triebleben des Menschen lieber den Kopf in den Sand gesteckt. Das neue Jahrhundert wird in Deutschland die alten Ordnungen – und die Kunst – bald gründlich auf den Kopf stellen. Es wird den Deutschen auch einen Blutrausch bescheren, dem niemand durch die Flucht in die schönen Künste zu entkommen vermag – auch nicht die Schauspielerin Karoline Neher.

In Crossen an der Oder ist um 1900 die Welt noch in Ordnung, und der Apothekersohn Alfred Henschke kann sich dort ungestört seinen verträumten Kinderspielen an den Ufern der Oder hingeben. Er ist noch ein zartes, noch ganz gesundes Kind von zehn Jahren, das sich in seinem Elternhaus wohl fühlt und die Annehmlichkeiten einer umsorgten Kindheit in vollen Zügen genießt.

Im Jahr 1900 wird in München ein Mädchen geboren, das ihren Eltern manchen Kummer bereiten und die Normen bürgerlicher Rechtschaffenheit nicht anders als Alfred Henschke verachten sollte. Nicht als «Furie», aber als unheimlich temperamentvollen, sympathischen Teufel hat ihr Bruder Josef sie beschrieben. Daß der schwer zähmbare Irrwisch über beachtliche musikalische Talente verfügt, wird allerdings schon bald offenkundig. Den Eltern des Mädchens erscheint ihre Begabung als ein zwiespältiges Glück. Dabei muß der Vater selbst sein knappes Geld mit Musik verdienen. Der einstige Lehrer aus dem Württembergischen hat sich in Stuttgart als Waldhornbläser ausbilden lassen und es nun, nach einer kurzen Zeit als Orchestermitglied, zum Chordirektor und Organisten gebracht. Zudem arbeitet er als Hornist am Nationaltheater München. An der Kirchenkapelle des Schlosses Nymphenburg gibt er Unterricht auf den verschiedensten Instrumenten. Aber er hofft, daß seine Kinder einmal einen besser dotierten Beruf ergreifen werden.

Um so härter greift der jähzornige Musikpädagoge, der seiner ältesten Tochter in einer unberechenbaren Haßliebe zugetan ist, zu Hause durch. Da er das Kind nicht zum Erlernen eines Musikinstrumentes anhalten muß, weil es selbst energisch danach verlangt, greift er zum entgegengesetzten Mittel: Wann immer die Kleine, die so leidenschaftlich gerne Klavier spielt, etwas angestellt hat, bestraft er sie mit dem Verbot des Klavierspiels. Als Erzieher geradezu sadistisch veranlagt, versucht er alles, um die wachsende Unbotmäßigkeit seiner Tochter durch harte Strafen zu brechen – und befördert dadurch nur ihren angeborenen Widerspruchsgeist. Die Mutter ist eine resolute, schöne Frau aus der Rheinpfalz, entstammt einer Weinbauernfamilie und versucht nach Kräften, ihre Familie in dürftigen Zeiten über Wasser zu halten.

Statt an die Eltern bindet sich das Mädchen an die Geschwister. Obwohl sie sich später – so hat es Alfred Henschke in der autobiographischen Erzählung «Die Silberfüchsin» beschrieben – eine «ausgesprochen negative Begabung zur Kinderpflege» bescheinigt, ist ihr die Fürsorge über ihre kleine Schwester anvertraut. Sie fährt sie im Kinderwagen spazieren, einmal kommt es dabei beinahe zu einem gefährlichen Unfall. Sie läßt die Schwester im Wagen sitzen, als sie in einem Gebüsch am Straßenrand Blumen pflückt. Kaum ist die Kleine unbeobachtet, befreit sie sich aus dem Gefährt und stürzt einem Radfahrer geradewegs vor die Füße. Der kann im letzten Augenblick noch rechtzeitig abspringen. Das kleine Kind heult verzweifelt, aber der Radfahrer nimmt es in die Arme und tröstet es liebevoll. Die erschrocken hinzugeeilte ältere Schwester wagt es nicht, das Kind nach Hause zu bringen. Sie bittet den Radfahrer, das Mädchen bei den Eltern abzugeben. Als sie sich später nach Hause schleicht, schlüpft sie unbemerkt in ihr Zimmer und riegelt es von innen ab. Mitten in der Nacht klopft der Vater vehement an die Tür. Karoline klappert mit den Zähnen unter der Decke. «Und wenn er mich töten sollte, die Tür riegelte ich nicht auf.» Der erzürnte Vater trommelt mit seinen

39

Fäusten so wild gegen das Holz, daß die Türfüllung heraus-
fliegt. Dann stürzt er in das Kinderzimmer: «Ich sah ihn vor
mir stehen, die Hände hatte er sich schon verletzt, Splitter
staken überall in den Handflächen. Seine Augen waren rot
unterlaufen.» Bevor der Vater jedoch tätlich werden kann,
stürzt er der Länge nach um und bleibt wie tot liegen.
Schwester und Bruder stehen «von widerstreitenden Gefühlen hin- und hergerissen vor dem Mann am Boden». Er hat
seinen ersten heftigen Schlaganfall erlitten.

Das Mädchen wird durch derlei Ausfälle in ihrer Suche
nach einer Alternative zu ihrem Zuhause früh bestärkt. Mit
sechzehn ist sie so selbstbewußt und so attraktiv, daß sie
mehr und mehr ihre eigenen Wege geht. Im Elternhaus
herrscht bittere Not, es ist die Zeit des Ersten Weltkrieges.
Ihr Leben lang wird sich die Tochter mit Schaudern an diese
Jahre der Entbehrung und des Hungers erinnern. Sie will
sich ein besseres Leben erarbeiten, und sie weiß, daß sie dazu
die Energie und das Talent besitzt.

Unabhängigkeit und Unangepaßtheit gelten ihr eisern als
Marschroute. Aber immer wieder läßt sich der Vater zu Ge-
walttätigkeiten gegenüber seinen drei Kindern aus zweiter
Ehe hinreißen. Als er der Ältesten wieder einmal das Klavierspiel verbietet, flüchtet sie sich zu einem jüdischen Kantor
mit Namen Josef Ziegler, der an einer Münchner Synagoge
lehrt und das Kind fortan am Klavier unterweist. Einen «Sau-
juden» nennt der Vater ihn, denn Juden haben in der Klein-
bürgerwelt des Chordirektors Neher keinen Platz, mögen sie
noch so gute Musiker sein.

Tochter Karoline ist durch den Rassenwahn des Vaters
nicht von ihrer Begeisterung für Kunst und Musik, vor allem nicht von ihrem Widerstandsgeist, abzubringen. So
bald wie möglich wird sie das Elternhaus für immer verlassen, das hat sie sich geschworen. Sie geht auf eine von
den «Englischen Fräulein» geleitete Volksschule, einer stren-
gen katholischen Lehranstalt unweit des Nymphenburger

Schlosses. Dann wechselt sie auf die traditionsreiche Handelsschule Riemerschmidt – schließlich soll doch aus dem Mädchen einmal etwas Handfestes werden. Dort arbeitet sie, trotz vieler Nebenbeschäftigungen, mit großem Fleiß und zeichnet sich durch ein «sehr liebenswürdiges Betragen» aus. Außer in Schönschreiben, wo sie es nicht über ein «genügend» hinausbringt, attestiert ihr ein erhaltenes Zeugnis die allerbesten Noten, in Religion erhält sie sogar einmal ein «sehr gut».

Auf den Schlachtfeldern Europas tobt der Krieg, und auch in München herrscht große Not: Die wenigen noch verfügbaren Grundnahrungsmittel werden rationiert, und auf dem Viktualienmarkt werden neben Bucheckern und Eicheln auch Raben, Dohlen und Eichhörnchen für den Mittagstisch angeboten. Die Familie Neher lebt vom Existenzminimum. Der Wunsch des Vaters, seine Kinder für ein besseres Leben auszubilden, ist allzu verständlich. Er drängt die jetzt siebzehnjährige Karoline zu einer Banklehre. Dazu kommt es nicht, weil sich nur eine Bank findet, in der das Mädchen ein Volontariat absolvieren kann. In der Kupons-Abteilung der Dresdner Bank erledigt sie vom Juni 1917 bis Oktober 1919, obgleich in Gedanken bei Musik und Theater, «die ihr übertragenen Arbeiten mit Fleiß und Eifer zu unserer Zufriedenheit». Sie führt sich, wie ihr das Zeugnis attestiert, «einwandfrei». Die Zeiten für Banken sind günstig, eine Hausse jagt die andere, und so kommt die Kleine auf den Geschmack des heimlichen Diebstahls kleinerer Münzen aus der Devisenkasse. Es ist so wenig, daß es niemand merkt, aber für das Mädchen ist es der einzige Weg, die häusliche Not wenigstens ein wenig zu lindern. Wir wissen von diesen kindlichen Versuchen, die Rolle des Opfers abstreifen zu wollen, nur aus einer späteren Erzählung Alfred Henschkes. Aber sie fügen sich in das Bild von dieser weitgehend auf sich gestellten, ebenso hochbegabten wie kühl ihren Vorteil nutzenden jugendlichen Schönheit, die nicht weniger konsequent als der junge Alfred Henschke in Crossen nach einem eigenen Weg sucht. So nimmt sie mit dem selbstverdienten Geld auch heimlich Schauspielunterricht, läßt sich als Tänzerin ausbilden und übt unermüdlich Klavier. Ihr ungestümer Drang, Neues auszuprobieren, wird sie später auch die unterschiedlichsten Sportarten ausprobieren lassen.

Als sie achtzehn Jahre alt ist und der Vater nach einem Leben voll Sorgen, Dreck, Alkohol, Jähzorn, Weibern und allmählichem Zusammenbruch an seinen Schlaganfällen endlich stirbt, weiß sie, daß ihre Stunde gekommen ist. Auch die Mutter kann sie nicht an der Flucht hindern. Sie ist bereits eine beachtliche Chopin-Interpretin – aber nichts gibt ihr mehr als das Theater. Auf der Bühne will sie ihr Glück machen, koste es was es wolle.

München erbebt damals unter anarchistischen und spartakistischen Aufständen, die in einer kurzlebigen «Räterepublik» münden. Deren bald darauf ermordeter Ministerpräsident Kurt Eisner wird die heute ihrer ursprünglichen Intentionen beraubte Formulierung vom «Freistaat Bayern» prägen. Doch Karoline Neher hat eine andere Art von Freistaat im Kopf. Einer der an der Räterepublik Beteiligten ist der Anarchist und Schriftsteller Erich Mühsam. Mit seiner Frau Zenzl wird Karoline Nehers Schicksal sich noch einmal auf unselige Weise verbinden. Aber jetzt will Karoline Neher diesen Freistaat so schnell wie möglich hinter sich lassen – der Freistaat, dem ihre ganze Sehnsucht gilt, ist die Welt des Theaters.

Die Mutter will freilich davon gar nichts wissen. So rennt Karoline eines Tages, von der Mutter vergeblich verfolgt, die Nymphenburger Straße entlang zur nächsten Straßenbahnhaltestelle, schwingt sich auf die Bahn, fährt zum Bahnhof und besteigt den nächsten Zug nach Baden-Baden, wo sie sich mit List, Charme und brennendem Ehrgeiz sogleich ihr

erstes Engagement ergattert. Von nun an wird ihr die Männerwelt zu Füßen liegen, wird sie sich mit der gleichen Ar-
beitswut, die den jungen Apothekersohn Alfred Henschke
aus Crossen antreibt, ihren Platz im Kulturbetrieb suchen.

«Es hat ein Gott mich ausgekotzt»

Das Jahr 1912, das Alfred Henschke die Gewißheit bringt, von nun an endgültig eine Geisel seiner Krankheit zu sein, ist das Jahr einer Katastrophe, über die alle Welt spricht. Vor der Küste Neufundlands sinkt am 15. April der britische Luxusdampfer «Titanic». Von den 2206 Passagieren und Besatzungsmitgliedern verschwinden 1503 für immer in den Fluten. Das Vertrauen in die hochmoderne Technik des Schiffes ließ den Kapitän die Gefährlichkeit der Eisberge unterschätzen, die das wegen seiner doppelten Böden für unsinkbar gehaltene Schiff nach einem Aufprall auf einer Länge von mehr als hundert Metern förmlich auseinanderschneiden. Der Glaube an die Überlegenheit der neuen Techniken wird empfindlich gedämpft. Sensiblen Zeitgenossen ist der dramatische Untergang der «Titanic» auch ein Zeichen dafür, daß es mit dieser modernen Welt nicht zum besten steht. Neue Künstler artikulieren verstört und provokativ das beklemmende Lebensgefühl einer düsteren Ahnung vom bevorstehenden Zusammenbruch titanischer Hoffnungen in das neue Jahrhundert.

Alfred Henschke hat für derlei Untergangsvisionen wenig übrig. Jede Art von Fatalismus, jeder Geschichtspessimismus ist ihm fremd – er verbietet ihn sich förmlich. Mögen andere sich in Untergangsvisionen ergehen – Alfred Henschke kokettiert eher mit dem Schrecken, als sich ihm auszuliefern, und so veröffentlicht er in diesem Jahr erst einmal gemütliche «Alt-Crossener Geschichten». Seine Entschlossenheit zum Leben trotz Krankheit macht ihn zum unbeirrbaren Zweckoptimisten. Er lebt nach dem Motto

«Ruhelosigkeit ist die erste Bürgerpflicht». Mit anderen jungen Dichtertalenten wie Johannes R. Becher und Emmy Hennings verbringt er die Nächte vorwiegend in der Künstlerkneipe «Simplicissimus». Statt aber auch im Sommersemester in München zu bleiben, wechselt er an die Universität von Lausanne, weil er sich dort ein schonenderes Klima verspricht. Er wird die französische Sprache bald so gewandt sprechen und lesen, als sei es die eigene. Er schreibt, wie immer, ohne Pause. Zu einigen geplanten Veröffentlichungen kommt es freilich nicht. Aber seine Kenntnisse der französischen Dichtung werden ihm noch sehr zustatten kommen. Seine später so berühmten und beliebten Nachdichtungen aus dem Japanischen, Persischen und Chinesischen, die ihn in fernen Welten nach Parallelen und Antworten auf europäische Fragestellungen und Empfindungen suchen lassen, fußen im wesentlichen auf französischen Übersetzungen. Endlich druckt auch der «Simplicissimus» einige seiner Texte. Dadurch ermuntert, kehrt er im Herbst nach München zurück – die schriftstellerische Karriere und das anregende Leben in der bayrischen Kulturmetropole sind ihm wichtiger als das schonende Klima am Genfer See.

Im Winter schickt er drei freche, dem französischen Vorbild François Villon nachempfundene kleine Gedichte an den Berliner Theaterkritiker Alfred Kerr. Der ist von der «vagantenhold-frechen Liedkraft» dieser Texte eines «jungen Zigeuners» sehr erbaut und veröffentlicht sie im Februar 1912 in der von ihm herausgegebenen Zeitschrift «Pan». Es sind nicht die ersten veröffentlichten Gedichte Henschkes, aber sie machen Furore. Im Kaiserreich herrscht Zensur, und die antibürgerlichen Verse des kecken Poeten führen zu einer Anklage «wegen Verbreitung unzüchtiger Schriften». Eine Strafe von fünfzig Reichsmark läßt sich auch durch die Jubel-Gutachten von Frank Wedekind, Max Halbe, Erich Mühsam und Richard Dehmel nicht vermeiden. Immerhin wird die

Strafe später aufgehoben. Aber die Anfangsstrophe eines der drei Gedichte: «Es hat ein Gott mich ausgekotzt / Nun lieg ich da, ein Haufen Dreck / Und komm' und komme nicht vom Fleck», die Villons bohemehaftes Aufbegehren gegen Ordnung und Sicherheit in das neue Jahrhundert überträgt, ist schnell in aller Munde. Das zweite Gedicht besingt die bedrohliche Liebesnacht mit einer nächtlichen Gefährtin, welche «an ihrem Liebesmunde (Verflucht, ja!) eine offene Wunde» zur Schau stellt und das lyrische Ich fürchten läßt, es handle sich um die Geschlechtskrankheit Lues. Das dritte Gedicht spricht von der behaglichen Stunde «nach der Liebeserfüllung im Bett» und endet mit einem Lob der Promiskuität im Stile des großen französischen Vorbilds: «Ich liebe sie alle, alle. Der Reihe nach. Augenblicklich Constanza / (Gouvernante), Emma (Büglerin) und eine verheiratete Spenglersmeistersgattin: Charlotte». Beim Gutachten Wedekinds seien ihm «die Tränen heruntergelaufen vor Lachen», denn der hat den jungen Dichter Alfred Henschke schlichtweg mit zwei Meistern ihres Fachs verglichen: mit Goethe und Wilhelm Busch «in einem Atemzug». Alfred Kerr, der als Mitangeklagter vor Gericht steht, hat nun an dem jungen – im Prozeß wegen eines erneuten Sanatoriumsaufenthaltes nicht anwesenden – Autor nur noch mehr Gefallen gefunden. «Junge Menschen sind anständig, indem sie unanständig sind», meint er souverän über den jungen Dichter. Er schiebt in seiner Zeitschrift gleich weitere Gedichte nach, an umfangreichen Vorräten mangelt es diesem nicht. Aber seine unliebsamen Erfahrungen mit der Justiz zeigen ihm an, daß die Verwendung eines Dichterpseudonyms nach dem Vorbild seines Mentors «Unus» dringlich geboten ist. Und so zeichnet er zuerst als «S. Klabund», später läßt er den Buchstaben des Vornamens fallen. Als eine Zusammenziehung von Klabautermann und Vagabund bezeichnet er diesen eigentümlichen Namen, der sich jedem unauslöschlich einprägt, der ihn einmal gehört oder gelesen hat. Es ließe sich bei dieser Namensnennung eine Palimnese, das Emporsteigen eines Begriffs aus dem Unterbewußtsein, denken. Die Wirklichkeit war freilich profaner: ein Apothekerfreund seines Vaters aus Frankfurt an der Oder heißt Klabund. «Morgenrot! Klabund! Die Tage dämmern!» nennt er seinen noch im gleichen Jahr veröffentlichten Gedichtband mit expressionistischer Gebärde. Alfred Henschke hat sich wohl auf Anhieb in diesen geheimnisvoll klingenden Namen verliebt. Bis zum heutigen Tage ist dieser Name bekannter als noch das bekannteste seiner Werke.

Von nun an wird sich Alfred Henschke/Klabund in seinen literarischen Arbeiten nur noch bei wenigen Ausnahmen zu erkennen geben. Das Pseudonym hat ja auch noch einen weiteren Vorteil. Je häufiger die Krankheit dem Dichter Schonung abverlangt, desto mehr steigert sich sein ohnehin ziemlich bedenkenloses Nacht- und Liebesleben in luftige Höhen. Da ist es angenehm, mit verschiedenen Namen operieren zu können. «Nette Mädchen lieben einen in reicher Blüte», schreibt er an den getreuen Beichtvater Heinrich. «Jemand in Genf behauptet, ein Kind von mir zu kriegen und bombardiert mich mit Briefen in fremdländischer Zunge. Man will es sich abtreiben lassen und wünscht von mir einige hundert Franken zu diesem Behufe. Ich weigere mich beharrlich durch Stillschweigen. Wenn ich schon ein Kind töten soll (was ich mir überlegen würde) – muß es schon von mir sein. Obengenanntes Kind ist (aus nicht näher zu erläuternden hygienischen Gründen) keinesfalls von mir. Ich kann es beschwören.» Das Bekenntnis wirft ein grelles Licht auf Henschkes turbulente Tage und Nächte am Genfer See. Ein Jahr später wird er im Verlauf einer politischen Debatte einmal gestehen: «Wie kann ich Antisemit sein, da ich von einer jüdischen Frau ein Kind habe.» Was sich hinter diesem Satz verbirgt, wissen wir nicht. Daß der ganz und gar vorurteilsfreie Menschenfreund alles andere als ein Antisemit ist, wird er noch oft unter Beweis stellen. Aber sechs Jahre später wird ihn der Selbstvorwurf einer Kindstötung – diesmal ist es das eigene – noch einmal auf furchtbare Weise einholen.

Im Februar 1913 ist abermals eine Kur vonnöten, diesmal im bayrischen Bad Reichenhall. Die Briefe, die der Dichter von dort aus an Heinrich richtet, sprechen weiterhin in erster Linie vom Fortgang der literarischen Arbeit. Nur gelegentlich schieben sich einige dezente Hinweise auf die Umstände ihrer Entstehung zwischen die Zeilen: «Ich gehe hier eifrig meiner Kur nach (wenn nur die Mädchen nicht wären! Die verderben einem die ganze Diät): Inhalationen, Luft- und Solebäder, Massage, Trink-, Liegekur von früh sieben (es ist scheußlich früh) bis abends neun. Und das Wetter erst. Eine bessere Sintflut.»

Erst im Sommer ist Klabund in München. Des Nachts zieht er wieder mit großer Ausdauer durch die Lokale und Kleinkunst-Theater Schwabings. Dort lernt er auch eine neue Muse, die intelligente, aber umtriebige Brettl-Sängerin Marietta Kirndörfer – eine vormalige Sekretärin des Verlages «Die Lese» – kennen, mit der er wieder die Nächte zum Tag macht und der er 1920 eine sehr kurze Erzählung gleichen Namens mit dem übertreibenden Untertitel «Ein Liebesroman aus Schwabing» widmen wird. «Ich bin eine polnische Prinzessin, hübsch, aber schlampig. Ich schiele. Das ist meine Weltanschauung», läßt er die Geliebte darin sagen und schlägt damit wieder den aufsässigen Grundton an, der sein gesamtes Werk durchzieht. Im «Simplicissimus» trägt er wiederholt eigene Verse vor. Er bringt einen Gedichtband bei seinem neuen Verleger Erich Reiß unter, der durch die «Pan»-Veröffentlichungen auf den Autor aufmerksam geworden ist. Doch schon im August zwingt ihn sein Zustand erneut zu einem Sanatoriumsaufenthalt, diesmal in Arosa: «...wie der Arzt sagt, muß ich wohl den Winter oben bleiben, dann ist Aussicht auf eine dauernde Heilung. Arbeiten darf ich. Aber nicht zuviel.» Hinter den letzten Satz setzt er ein vieldeutiges Fragezeichen. Wann immer Klabund das Bett hüten oder auf den Terrassen der Sanatorien Liegekuren machen muß, schreibt und arbeitet er, eingehüllt von Papierbergen und Büchern. Das Schreiben ist ihm längst zur Sucht geworden, die ihn seine Krankheit am leichtesten vergessen läßt. Die Gefahr, die von dieser produktiven Unrast ausgeht, ist dem unbestechlichen Mentor Heinrich aber auch ein Anlaß für ernsthafte Warnungen: «Ihre Produktionsfülle ist unheimlich!» 1913 formuliert der sensible Literaturkenner Heinrich einen kritischen Einwand, der Henschke noch oft entgegengehalten wird und der bis heute seine Anerkennung als unumstrittener Dichter verhindert: «Die nervöse Unruhe, die in Ihren Arbeiten bisher liegt (und natürlich nie ganz verschwinden wird, denn sie trägt einen großen Teil Ihrer poetischen Schönheiten) hat doch einen Nachteil: Die Dinge sind alle ein bißchen dünne, das, was man erfährt, ist höchst interessant und reizend, am Schluß ist man aber doch ein bißchen enttäuscht, daß man nicht mehr erfahren hat.» Heinrich weist den angehenden Dichter mit väterlicher Strenge darauf hin, daß der «Rest vom Schemenhaften» in all den hundert Skizzen, die Reiß bei sich liegen hat, der einzige Grund dafür sei, daß sich der Verleger nicht zum Druck entscheiden könne. Daneben ist es sein leidenschaftliches Interesse für Frauen, das ihn zwar selig, aber flüchtig macht: «Ich bin», beichtet er einmal seinem fernen Mentor, «seit zehn Tagen (Sie sehen es gewiß an der Schrift!) toll verliebt ... Es ist ein Mädchen aus Uruguay, aber schon lange in Deutschland. Ganz braun.»

Wie in der Zweiteilung seines Namens in einen bürgerlichen und einen literarischen, so erfährt der kranke Dichter in sich zwei Identitäten, die miteinander im Konflikt liegen und die er angestrengt auseinanderzuhalten sucht: «Die Krankheit ist ein besonderes Kapitel. Ich führe in meinem

Leben doppelte Buchrechnung. Auf der einen Seite nimmt zwar die Krankheit erheblichen Raum ein; aber sie ist nur ‹notiert›, zur Kenntnis genommen. Der Teufel soll mich frikassieren, wenn sie je Einfluß auf die andere Seite, auf mein wirkliches Leben gewinnen sollte ... Ich möchte doch noch leben, eine Weile wenigstens noch.»

Der August des Jahres 1914 beschert dem jungen Jahrhundert den Beginn einer neuen Zeitrechnung. Die bösen Ahnungen der Skeptiker sind Wahrheit geworden. Deutschland stürzt sich kopfüber in ein Gemetzel mit seinem Nachbarn Frankreich, aus dem sich ein Weltenbrand entwickeln und das alle Errungenschaften der deutschen Einheit unter der Kaiserkrone leichtfertig verspielen wird. Nicht nur Deutschland und Österreich, auch die anderen Hauptstädte Europas werden förmlich über Nacht in einen kriegerischen Taumel gerissen, der alle Besonnenheit und Vernunft auf den Müllhaufen der Geschichte schleudert. Die Flasche, in der es schon so lange gegoren hatte, ist mit einem übermächtigen Knall explodiert. Überall verspricht sich die Jugend vom Kampf auf Leben und Tod die Heilung ihrer unterdrückten Sehnsüchte nach Ekstase und Wandel. Plötzlich scheint das Leben wieder einen begeisternden Sinn zu haben, die freigelassenen Aggressionen kennen nur ein einziges Ziel: die Demütigung des Nachbarn. Die Massen in den Berliner Straßen singen «Nun danket alle Gott». Dumpfe patriotische Jubelgesänge übertönen alle Zweifel. Man hält den Krieg für ein aufregendes Abenteuer, das schon nach wenigen Monaten beendet sein wird – siegreich natürlich.

In ihrem Hurra-Patriotismus stürmen die jungen Männer zu den Waffen, vertauschen sie außer Rand und Band ihre Anzüge mit sperrigen, feldgrauen Uniformen. Fast jeder will dabei sein – wer es nicht will, gilt als «Vaterlandsverräter».

Auch Alfred Henschke wird von der Woge des nationalen Wahns davongetragen. Als ob er seine sensible Seele mit einem Handstreich außer Kraft setzen und endlich ungehemmt den Idealen eines Frank Wedekind vom schranken- und grenzenlosen Draufgänger nachfolgen wollte, drängt er sich unter die freiwillig zu den Waffen eilenden, kriegslüsternen Angehörigen seiner Generation. Zwar läßt sich Wedekind nur für kurze Zeit vom Kriegsfieber anstecken, spricht aber vom «uns aufgezwungenen Krieg», von «englischer Mißgeburt» und «französischen Revanchegelüsten». Die Vernunft ist aus den Fugen geraten – und das in ganz Europa. Alles möchte Henschke sein, nur nicht «eine lyrisch feige Wanze». «Ich zermartere mir den Kopf, wie ich noch in den Krieg kommen könnte», meint er, nachdem er erfahren hat, daß seine labile Gesundheit einen Fronteinsatz fraglich erscheinen läßt. «Wenn ich schießen lernte, fliegen lernte? Reiten kann ich. Ich reite beinahe täglich und tue alles, was ich nicht darf, rauche Zigaretten – und mein Arzt muß zugeben, daß ich munterer bin denn zuvor ... Hoffentlich nehmen sie mich. Ich meine, *untätig* hinter der Front zu liegen, läßt einen verfaulen und reibt mehr auf als noch so strapaziöser Dienst.» Alle Originalität, alle Individualität, die bis dahin Henschkes Äußerungen auszeichneten, verschwimmen über Nacht in einem Meer patriotischer Banalitäten. Der zum Franzosenfresser und Möchtegern-Vitalisten Degenerierte artikuliert von einem auf den anderen Tag, wie so viele seiner Dichterfreunde, unsägliche Gemeinplätze nationalistischer Verirrung. Daß er aus körperlicher Schwäche von Überlegenheit und Mannestum fasziniert ist, daß er den Rausch des Todes als willkommenen Ausweg aus seinem ständigen Kränkeln empfindet, es mag ihn entlasten – ein trauriges Symptom von Anpassung und Kopflosigkeit bleibt diese Kapitulation vor der Barbarei dennoch. Mit allen Fasern seines Herzens klammert er sich an die Illusion einer Beteiligung am Krieg. Er muß jedoch bald einsehen, daß ihn dazu niemand gebrauchen kann. «Ich werde wohl nun die Hoffnung aufgeben müssen, irgendwie an die Front zu kommen. Ich werde mich auf mein Militärpapier: Landsturm ohne Waffe und ins Gebirge zurückziehen müssen», meint er schließlich in einem Brief an «Unus». Auch beim «Landsturm» wird er sogleich ausgemustert. Er hängt verunsichert in München herum, verfolgt das Geschehen an der Front aus den täglichen Extrablättern und vertieft sich hektisch in fragwürdige literarische Arbeiten. So stellt er eine Auswahl deutscher Soldatenlieder zusammen, berauscht sich an deren Lebensverachtung und tönt emphatisch von deutscher Überlegenheit über den Rest der Welt: «Möge das Soldatenlied an seinem Anteil auch des gegenwärtigen Krieges recht begriffen werden: als ein Kämpfer für deutsche Freiheit, Menschlichkeit, Innerlichkeit, für deutschen Humor und deutsche Melancholie. Für den Idealismus einer märchenhaften (romantischen) Weltanschauung. Für Wikingertum. Für Karl den Großen, Tyll Eulenspiegel, Faust, Rotkäppchen, Martin Luther, Rübezahl, Michael Kohlhaas, Schellmuffski, Blücher, Goethe und Hindenburg. Für alles Deutsche.» Solche Bankrotterklärungen des vormals differenzierter argumentierenden Hitzkopfs häufen sich bestürzend. Er schreibt jetzt häufig für Tageszeitungen, besonders für das «Berliner Tageblatt», und läßt artikelweise seinem Hurra-Patriotismus freien Lauf. Aber er unternimmt auch schon einige tastende Versuche auf einem literarischen Terrain, auf dem er sich bald einen beachtlichen Ruhm erringt. Mit seinem Dichterfreund Bruno Frank trifft er sich öfter in dessen Haus am Starnberger See und liest sich mit ihm abwechselnd Gedichte vor. Dabei stößt er auf Nachdichtungen chinesischer Lyrik und begeistert sich für die Poesie des Li T'ai-po aus dem 8. Jahrhundert. Er vergräbt sich in deutsche und französische Übersetzungen und entdeckt eine innere Verwandtschaft mit der assoziativen Bildersprache und dunklen Vieldeutigkeit dieser Poesie. Besonders hat es ihm die Kriegslyrik angetan. «Lyrik kann man nicht übersetzen. Sie kann nur auf einer anderen Sprachebene neu gestaltet werden», hat Henschke über seine Übertragungen gesagt. Er bespricht sie gewissenhaft mit Sinologen der Münchner Universität. 1915 erscheint unter dem Titel «Dumpfe Trommel und berauschtes Gong» ein Band mit Nachdichtungen chinesischer Kriegslyrik. «Die chinesische Kriegslyrik überrascht durch die Kraft ihrer Anschauung und die Unerbittlichkeit ihrer Resignation», meint er begeistert, aber vor allem sind es wohl die sanfte Trauer und die eher malerische, die Realität in Gleichnissen von allgemeiner Gültigkeit übertragende Weltsicht, die ihn fasziniert. Sie wird den ersten Teil seiner am Ende auf mehr als 1500 Gedichte angeschwollenen lyrischen Produktion nachhaltig beeinflussen – und auch bei anderen Dichtern der Zeit ihre Spuren hinterlassen. Auch wenn das Interesse für die ostasiatische Dichtung und Philosophie im ersten Viertel des 20. Jahrhunderts weit verbreitet ist, so folgen beispielsweise Bert Brechts zahlreiche Ausflüge in chinesische Stoffe und Legenden Klabunds Poesie. Einige seiner Übertragungen – wie etwa die Laotse-Nachdichtungen – sind sogar unmittelbar in Brechts Lyrik eingeflossen. Doch anders als in Brechts Parabeln sind es vor allem die Lehren Buddhas, ist es der mystische Glaube an eine Wiedergeburt, der Henschke in den Bann zieht – liefert sie doch dem so sehr Gefährdeten eine Befreiung aus seiner Todesangst. Er hat immer nach jedem Strohhalm gegriffen, um sich nicht unterkriegen zu lassen. Die Botschaft von der ewigen Gleichförmigkeit des Werdens und Vergehens, der Reinkarnation, der Wiedergeburt in neue Existenzen, verheißt einen Ausweg aus der Endlichkeit und die Erlösung von allem Leiden. «Immer wieder muß ich geboren werden. Früher lebte ich einmal in China und schrieb, mit einer großen Hornbrille betan, kleine Verse auf große Seidenstreifen» – es ist typisch für Henschke, daß er aus der religiösen Lehre Buddhas mit leichter Hand ein esoterisches Traumbild entwikkelt, das ihn spielerisch mit der eigenen Gefahr umgehen und aus Ernst heitere Ironie entstehen läßt: «Ich kann mich noch gut erinnern, daß ich einmal ein Hase war und über die Felder hoppelte und Kohl fraß. Später war ich ein Geier, der den Hasen die Augen auszuhacken pflegte», hat er in seiner kleinen Selbstbiographie 1917 geschrieben. Die Verheißung von der Wiedergeburt, von der Überwindung der Materie durch Auferstehung in anderer Gestalt war längst vor Buddha ein verbreitetes Gedankengut in Indien, wurde aber durch seine Lehren auf breitere philosophische und religiöse Grundlagen gestellt. Klabund hat sich seine Anschauungen – wie die anderer Philosophen und Dichter – gewiß nur oberflächlich angeeignet, nicht zuletzt auch im Zusammenhang mit der Arbeit an seiner «Geschichte der Weltliteratur in einer Stunde». Bis zum Ende seines Lebens zieht sich der Glaube an eine Verwandlung in der Unendlichkeit durch seine Dichtung.

Im Herbst 1916 entsteht ein wahrlich atemlos zu Papier gebrachter Roman. Angeregt durch einen alten Stich, wird darin die Geschichte des französischen Revolutionshelden und Generals Moreau erzählt, einem Gegenspieler Napoleons. Der zwischen expressionistischer Kurzatmigkeit und lapidarer Sachlichkeit unsicher hin und her schwankende Roman birst vor patriotischem Elan, auch wenn darin aus dem deutschen ein französischer Patriotismus wird. «Die Franzosen», so schreibt Henschke ein Jahr später im «Berliner Tageblatt», «sind das einzige Volk, das in diesem Krieg nach zwei fürchterlichen Jahren noch immer haßt. Ich glaube, daß man diese Stimmung Frankreichs in Deutschland nicht recht begreift, oder begreifen will … sie hassen nicht nur den deutschen Geist, sondern auch jeden einzelnen Deutschen … Bei der verhängnisvollen Hinneigung des deutschen Intellektuellen zu Frankreich (die übrigens in Frankreich doch nur als inferiore Bocherie verlacht wird) werden alle diese Tatsachen nur zu sehr auf die leichte Achsel genommen.» Vielleicht sah er die deutsche Kriegsschuld nicht, weil ihn die Krankheit wieder im Griff hatte? «Mir geht es nicht gut», schreibt er im Januar 1916 an seinen Mentor Heinrich und nennt den Roman «Moreau» «fiebernd, wieder voll sachlicher Romantik ... Übrigens war ich krank als ich das Buch schrieb.»

Fast unmerklich schiebt sich jedoch allmählich ein anderer Ton in seine Briefe und auch in einige seiner kurzen ironischen Prosa-Skizzen. Er sei nun «endgültig freigekommen» vom Militär – als hätte er sich anfangs nicht danach gedrängt! –, meint er resignierend nach einer letzten, abschlägig beschiedenen Musterung im Januar 1916. Statt auf dem Schlachtfeld landet Alfred Henschke dort, wo jetzt, in immer kürzeren Abständen, seine eigentliche Heimat ist: im Sanatorium. Er soll sich wieder nach Davos zurückziehen, um auf den Liegeterrassen sein Lungenleiden zu kurieren. «Ich bin eigentlich immer im Fieber und sehr deprimiert», berichtet er dem Freund in Crossen. Nun endlich wird die einst so schrille Stimme der Kriegsbegeisterung zunehmend leiser und zweifelnder. Erst einmal schreibt er den Roman «Franziskus», den der Autor zu Recht für «ruhiger und gefaßter» hält als den Soldatenroman «Moreau». Die Abgeschiedenheit und Stille von Davos, in die kein ferner Kanonendonner dringt, scheint auf den fiebernden Dichter eine klärende Wirkung auszuüben. Heitere Grotesken, in die sich melancholische Skepsis über den Sinn des kriegerischen Mordens einzunisten beginnt, und der Verzicht auf chauvinistische Gehässigkeiten in seinen Briefen kündigen zaghaft eine dramatische Ernüchterung und schließlich ein radikales Erwachen des Dichters aus seinen kriegerischen Träumen an. Das frivole, daseinshungrige Leben unter den vom Tode bedrohten Patienten – vor allem den Patientinnen – hat an dieser Wandlung erheblichen Anteil.

Erste Ehe

Der äußere Eindruck, den der Dichter Alfred Henschke auf seine Mitmenschen machte, war nicht gerade schön zu nennen. Auch wenn das Ideal attraktiver Männlichkeit zu seiner Zeit noch nicht jene kraftstrotzende Austrainiertheit und «Coolness» verlangte, die sich bei den Medien-Heroen von heute so hoher Wertschätzung erfreuen – das Bild, das Alfred Henschke alias Klabund abgab, war nicht von vorneherein dazu angetan, die Frauenherzen im Sturm zu erobern. Daß ihm ebendies trotzdem schon seit seinen jünglingshaften Anfängen als Dichter auf eine verblüffend leichte, Freund und Feind gleichermaßen erstaunende Weise gelingt, muß daran liegen, daß Henschke geradezu den Antitypus des Frauenhelden verkörpert. Bei Betrachtung seiner Fotografien denkt man unwillkürlich an den mit schlapp-klagender Stimme vorgetragenen Werner Richard Heymann-Song, den Heinz Rühmann berühmt gemacht hat: «Ich brech' die Herzen der stolzesten Frauen». Wie dieses Lied auf ironische und demonstrative Weise gerade die Labilität und Unscheinbarkeit eines Herzensbrechers zur erotischen Metapher erhebt, so fasziniert Henschke das weibliche Geschlecht gerade mit seiner melancholisch-zarten, fast rührenden Erscheinung. Er hat, wie Hans Sahl in seinen «Memoiren eines Moralisten» meinte, «das Aussehen eines schüchternen Studenten, der mehr wußte, als er von sich gab». Bert Brecht – der seine nicht minder wirksame Ausstrahlung aus absichtsvoll unterstützter Nachlässigkeit bezog – beobachtet einmal grimmig, daß Henschke die Frauenblicke auf sich zieht, wo immer er auftritt. In Ber-

56

liner Kneipen der frühen zwanziger Jahre, in denen die beiden – weniger Freunde als einander schätzende Kollegen – ihre nächtlichen Streifzüge unternehmen, sieht Brecht, einem Eintrag in sein Tagebuch zufolge, den um acht Jahre Älteren einmal so: «Klabund singt, am Klavier, Soldaten- und Hurenlieder, tanzt, erwehrt sich mühsam der Weiber, die verschossen in ihn sind, die schwarze Pelzgarnitur darunter.» Der letztere Hinweis ist ein deutlicher, um nicht zu sagen: zynischer Fingerzeig auf Henschkes Schutz vor lebensbedrohender Kälte. Henschke ist, ganz im Gegensatz zu Brecht, der raffiniert einem stilisierten Proletarier-Mythos huldigt, stets gepflegt gekleidet. Seine große, dunkle Hornbrille, sein kurzgeschorener Schädel, seine großen, traurigen Augen und die matte Stimme verleihen ihm den bezwingenden Charme des verlorenen, aber äußerst leidenschaftlichen Einzelgängers. Dabei ist der Dichter alles andere als ein Kostverächter derben, ausschweifenden und sinnlichen Lebens. Seine aus Anmut, Eleganz und Zartheit gespeiste Ungezwungenheit kontrastiert deutlich zur zupackenden Brutalität eines Frank Wedekind oder zum Zynismus eines Bert Brecht. All die Tänzerinnen, Sängerinnen, Künstler-«groupies», nicht zuletzt auch die leichten Mädchen, zu denen Henschke ein verlangendes, aber stets ritterliches Verhältnis an den Tag legt, viele junge Patientinnen in den Sanatorien, denen er sich mit einer geradezu unheimlichen Hemmungslosigkeit anvertraut, erliegen seinem Charme. Der Schauspieler Ernst Kiefer hat über Alfred Henschke gesagt: Henschke sei «wahrlich kein schöner Mann gewesen, aber von einer unerhört sympathischen Ausstrahlung. Mehr noch – und ich übertreibe nicht – umgeben von einer Aura von Liebenswürdigkeit.»

Im Februar 1916 muß ihn die Kuratmosphäre in Davos unter den Lungenkranken aus aller Welt auf ähnliche Weise angeregt haben wie Thomas Mann bei dessen kurzer Davoser

Visite. Nur gehört Henschke zu den leidenden Patienten und erst in zweiter Linie zu den literarischen Beobachtern. Er teilt das Schicksal der Davoser Patienten mit großen Vorgängern wie Robert Louis Stevenson oder Christian Morgenstern. Die ebenso frivole wie beklemmende Atmosphäre wird oft in seiner Lyrik und Prosa wiederkehren:

DAVOSER BAR

Die rosa Sängerin mit jenem Juden,
Der achtungsheischend ein Monokel trägt,
Fühlt sich vom Lärm der laubenbunten Buden
Ersichtlich auf- und ab- und angeregt.

Er dreht mit ihr sich rund im Karusselle,
Er lüftet ihr den gelbpunktierten Sekt,
Indem die oberitalienische Kapelle
Sich selbst und andre mit Musik befleckt.

Ein Herr tanzt exaltiert wie ein Tuberkel,
Des Frackes Schöße zwitschern vogelgleich.
Die rosa Sängerin hält fürstlich Cercle
Ein Oberleutnant pokert schreckensbleich.

Ein Jüngling träumt von einer fernsten Ferne.
Aus seiner ausgeschnittenen Weste stiert
Die Höhlung einer riesigen Kaverne,
In der die Nacht wie eine Palme friert.

Zuerst quartiert er sich in jenem Waldsanatorium ein, in dem auch Katja Mann eine kurze Zeit zubringen mußte, was uns den «Zauberberg» beschert hat. Das Leben Alfred Henschkes wird noch manche seltsamen Parallelen zu diesem Roman aufweisen. Sowohl einige Züge des «febrilen» Hans Castorp wie die des Vetters Joachim Ziemßen passen ebensogut zu Alfred Henschke. Wie Joachim Ziemßen hat auch er einmal vom Soldatentod geträumt, der ihm aber – wie diesem – wegen seines Lungenleidens verwehrt blieb.

«Nur Damen und Herren, bei denen Tuberkeln nachgewiesen sind, haben Zutritt. Der Infektion sind keine Grenzen gesetzt ...» Klabunds makabre Einladungen zu frivolen Faschingspartys in der Davoser Pension «Stolzenfels» erinnern an die Faschingsszenen in Thomas Manns Roman «Der Zauberberg».

Ebenjener Dr. Jessen, den Thomas Mann als «Hofrat Behrens» unsterblich machte, untersucht den hustenden Patienten. Aus Gründen, die Henschke mit seiner Unbotmäßigkeit erklärt hat, die aber eher wirtschaftlicher Natur gewesen sein dürften, verläßt er das Waldsanatorium jedoch – wie Settembrini –, um sich in der kleinen und billigeren «Pension Stolzenfels» einzurichten. Er verfaßt Einladungstexte zu Faschingspartys, die eine furchtlose Respektlosigkeit gegenüber der alle Gäste verbindenden schweren Krankheit an den Tag legen. Er kündigt «Sackhüpfen» um den ersten Preis eines Thermometers an, stellt einen «allgemeinen Rippenresektionsgesang» in Aussicht und beschränkt die Eingeladenen auf solche «Damen und Herren, bei denen Tuberkel nachgewiesen sind». Die morbide, überhitzte, zwischen Verzweiflung und Lebenshunger changierende Stimmung dieser Feste erinnert an die des «Zauberbergs», der erst acht Jahre später erscheint. In übermütigen Collagen nimmt Klabund den makabren Tanz der Kranken inmitten bürgerlicher Wohlanständigkeit aufs Korn. Überhaupt läßt er seine Umgebung in keinerlei Zweifel, daß er wild entschlossen ist, der Krankheit nicht den geringsten Einfluß auf sein Leben einzuräumen. So gehören auch die Kranken in Henschkes Gedichten von und über Davos einer ganz anderen Sphäre an als er selbst: daß er um keinen Preis zu den Verdammten dieser Erde, den «Moribunden», zählen will, zeigen spöttisch-böse Verse auf die Leidensgenossen:

Sie müssen ruhn und ruhn und wieder ruhn.
Teils auf den patentierten Liegestühlen
Sieht man in Wolle sie und Wut sich wühlen,
Teils haben sie im Bette Kur zu tun.

Nur mittags hocken krötig sie bei Tisch
Und schlingen Speisen, fett und süß und zahlreich.
Auf einmal klingt ein Frauenlachen, qualreich,
Wie eine Äolsharfe zauberisch.

Vielleicht, daß einer dann zum Gehn sich wendet
– Er ist am nächsten Tage nicht mehr da –
Und seine Stumpfheit mit dem Browning endet.

Ein andrer macht sich dick und rund und rot.
Die Ärzte wiehern stolz: Halleluja!
Er ward gesund (... und ward ein Halbidiot).

Henschke will sein gefährdetes Leben mit produktiver Energie und unstillbarer Lust auskosten. «Wenn wir schon untergehen, so wollen wir diesen Untergang spielend und tanzend und singend erleben» – die Worte aus dem Epilog der «Geschichte der Weltliteratur in einer Stunde» von 1923 basieren auf der Erfahrung von Davos. «Der Fasching ist vorbei. Hier haben wir ihn gefeiert: ich habe rasend getanzt. Ach, man sah wieder rote und gelbe und violette Pierretten und hielt sie in seinen Armen», seufzt er in einem Brief an Heinrich. Wenige Wochen später flieht er wieder einmal mit einer neuen Flamme aus der Welt der Krankheit: «Ich habe fünf glücklichunglückliche Tage hier in Zürich verlebt mit einer Davoser Freundin.» Sie heißt Ilona und ist eine junge Ungarin. Auch diese Beziehung bleibt Episode. Unter den zahllosen Gedichten Alfred Henschkes, in denen von Liebe und Krankheit – d. h. für Henschke: von Leben und Tod – die Rede ist, finden sich mehrere, die das Leben des Dichters im Sanatorium auf ungeschminkte Weise widerspiegeln. Darunter einige der besten Klabund-Gedichte überhaupt, worin die Gefahr der Gefühlsseligkeit ebenso gebannt ist wie die der allzu eingängigen Brettl-Tonlage. Gelegentlich beschwören sie den sezierenden Blick seines Freundes Gottfried Benn, aber in ihrer Schnoddrigkeit und ihrer melancholischen Poesie sind sie unverwechselbar:

Pension «Stolzenfels» in Davos – Klabunds mehrmaliger Aufenthaltsort während vieler Wochen und Monate bis zu seinem Tod. Mit dem ebenfalls lungenkranken Ehepaar Poeschel, den Besitzern, verband ihn und Carola Neher eine freundschaftliche Beziehung.

SANATORIUM

Die Spatzen singen und der Westwind schreit
sacht umarmend rollt der Regen seine Spule.
Der weiße Himmel blendet wie verbleit,
Verrostet krümmt er sich im Liegestuhle.

Auf der Veranda. Neben ihm zwei Huren
Aus Der Gesellschaft, syphilitisch eitel
Sie streichen zärtlich seinen Schuppenscheitel
Und sprechen von Chinin und Liegekuren.

In ihren grau verhängten Blicken duckt er
Der Morphiumteufel hinter Irismasche.
Er hüstelt, hustet, und zuweilen spuckt er
Den gelben Auswurf in die blaue Flasche.

Sie schenken ihm freundschaftlich Angebinde
Als er zum ersten Male in den Garten stieg,
Je eine Liebesnacht – als drüben in der Linde
Der Kuckuck einmal rief (für alle drei) – und schwieg.

Nach unruhigen Monaten in München und Oberbayern
kehrt Henschke im August 1916 reuig nach Davos zurück,
stürzt sich wieder «im Liegen» in das Schreiben von Gedichten, Aufsätzen und «vielen dramatischen Skizzen und Romanen». Aber diesmal zieht ihn eine junge Frau in ihren Bann,
der er mehr verfällt als allen bisherigen: Die Begegnung wird
sein Leben in die Höhen der Glückseligkeit – und in eine
lange nachwirkende Katastrophe stürzen.

Alfred Henschke hatte den Beginn des Ersten Weltkrieges
wie entfesselt begrüßt. Die Ernüchterung folgt im idylli-
schen Davos um so schneller. Schon im zweiten Kriegsjahr
ist der Waffenrausch der traurigen Einsicht gewichen, daß
das Morden auf den Schlachtfeldern nur heilloses Unglück
eingebracht hat. «Dem Rauschzustand 1914 habe ich längst
abgeschworen, so gut wie Hugo Ball oder Johannes R. Becher, die alle stramme Kriegsfreiwillige und Anbeter der gro-

ßen Sensation waren. Glaubten wir damals nicht an ein über-
fallenes Deutschland? Ich halte es für ehrenvoller, einen als
falsch erkannten Standpunkt aufzugeben, als konsequent im
Irrtum zu verharren. Schon im Frühling 1915 hat sich der
Umschwung in mir vorbereitet, als ich die chinesische
Kriegslyrik schrieb.»

Das Bekenntnis zur politischen Wende kommt spät, aber
nicht zu spät. Die Radikalität, mit der der vom Kriege aus-
gesperrte Beobachter in Davos seinen aufgeheizten Chau-
vinismus hinter sich läßt, bringt wieder den liebevollen und
bescheidenen Menschenfreund aus Crossen zum Vorschein,
der seine Umgebung durch seine Höflichkeit und seine
Sanftmut verzaubert. «Ich bin gespickt mit tausend Mes-
sern und müde von dem vielen Tod», heißt es in einer seiner
schönen Übertragungen aus dem chinesischen Schi-King,
«Ich will mich unter Bäumen schlafen legen und kein Soldat
mehr sein.» Hanns Eisler hat dieses Gedicht 1917 als junger
Soldat im Felde vertont, es ist seine früheste überlieferte
Komposition. Die Zeilen spiegeln die eigene Transformation
zum gereiften Pazifisten. Immer heftiger äußert sich die Ver-
achtung alles Kriegerischen in seinen Texten und Briefen.
Zur schärfsten Abrechnung mit deutscher Hybris wird ein
offener Brief an den Kaiser, den er am 3. Juni 1917 in der
«Neuen Zürcher Zeitung» veröffentlicht. Der flammende
Appell steigert seinen Bekanntheitsgrad in Deutschland
erheblich und wird ihn in der Weimarer Republik dem
Argwohn der Konservativen, bald auch der Wut der Nationalsozialisten aussetzen. Bei der Linken wird sie ihn eher als
Naivling abstempeln. Der lange Brief, geschrieben «im Fieber ... seines weltumspannenden Enthusiasmus» (Klaus
Mann) ist ein leidenschaftlicher Appell an Wilhelm II.,
den Krieg zu beenden und die Macht aus der Hand zu legen: «Geben Sie auf den Glauben an ein Gottesgnadentum
und wandeln sie menschlich unter Menschen ... Errichten
Sie das wahre Volkskönigtum der Hohenzollern ... denn das

deutsche Volk ist in Jahren unsagbaren Leidens gereift und den Kinderschuhen entwachsen: Es braucht keine Bevormundung mehr. Es hat sie satt.» Fast gleichzeitig formuliert er in René Schickeles Zeitschrift «Die weißen Blätter» die Quintessenz seiner tiefen Reue: «Die Desorganisation der Geistigen ist mit an diesem Krieg schuld. Wir alle sind an diesem Krieg schuld, weil wir ihn kommen sahen und nichts dagegen taten und, als er ausbrach, uns über seine wahren Wege täuschen ließen.» Endlich weichen die kriegerische Schwärmerei und der blinde Patriotismus aus seiner Dichtung, um wieder ganz dem Individuellen, oft geradezu Privaten, Platz zu machen. Alfred Henschke-Klabund wird fortan in Deutschland ein Einzelgänger zwischen den politischen und ästhetischen Fronten sein und alle Ideologien von links bis rechts verspotten. Aus dem virtuos, aber unbedenklich drauflosschreibenden Jüngling ist ein junger Mann mit festen ethischen und humanen Grundsätzen geworden. Nicht zuletzt seine Begegnung mit der Zürcher Dada-Szene, die er von Davos aus für einige Tage in Augenschein nimmt, besiegelt die Anti-Kriegs-Entschlossenheit. Er tritt selbst mit einigen frechen Gedichten im Zürcher «Cabaret Voltaire» auf, aber der Siebenundzwanzigjährige ist zu sehr Außenseiter und Einzelgänger, als daß es zu mehr als einem kurzen, vergnügten Flirt mit den Dadaisten kommen könnte. Henschke ist kein Himmelsstürmer, sondern ein Himmelsschwärmer, kein Revolutionär, sondern eher ein anmutiger Jongleur des Zeitgeistes. Das läßt sich an den Versen ablesen, die vergnügt auf die Dadaisten anspielen, aber es bei der eingeübten Brettl-Ironie bewenden lassen:

Ich bin in Tempelhof geboren
Der Flieder wächst mir aus den Ohren
In meinem Maule grast die Kuh ...

O Eduard, steck den Degen ein.
Was denkst du dir denn dadabei'n

Des Morgens um halb fünfe?
Er sagte nichts mehr dadadrauf.
Er stützt sich auf den Degenknauf
Und macht sich auf die Strümpfe.

Die gutgelaunten Zeilen atmen den Geist der frechen zwanziger Jahre, sind aber für den schnellen Gebrauch und nicht für den poetischen Olymp geschrieben.

Daß sich in ihm eine so nachhaltige Wandlung vollzogen hat, beruht aber, wie oft im Leben Alfred Henschkes, weniger auf theoretischer Einsicht als auf der Liebe zu einer Frau.

Zu den tuberkulösen Patientinnen der Pension Stolzenfels gehört auch ein zartes zwanzigjähriges Mädchen aus Passau. Sie ist eine leidenschaftliche Pianistin, die meisterlich die Musik des ebenfalls lungenkranken Frederic Chopin spielt. Die äußerst anmutige junge Dame wirkt wie ein blondes Gretchen, ist von zurückhaltender Liebenswürdigkeit und sinnlicher Anmut. Auch ihre beiden Lungen sind erheblich angegriffen. Eine zusätzliche Kehlkopftuberkulose bringt ihre Stimme manchmal beinahe zum Verstummen, aber mit ihrem Mit-Patienten Henschke teilt sie die unbändige Lust am Leben, das entschlossene Bedürfnis, der Krankheit keinen Raum zu lassen. Obgleich Alfred Henschke sie sogar noch im Zustand taumelnder Zuneigung – während sie zu einem kurzen Urlaub zu Hause bei ihren Eltern weilt – mit einer anderen betrügt, weiß er, daß es ihn diesmal tiefer erwischt hat. Seine Gedichte auf die zarte Passauerin gehören zu seinen glühendsten Liebesgesängen. Brunhild Heberle heißt die Angebetete, aber er nennt sie in seinen Gedichten «Irene», weil das «Frieden» bedeutet. Sie nötigt ihm das Versprechen ab, seine Seitensprünge ebenso zu unterlassen wie seinen Spielbank-Besuch. So reist er zu Beginn des Jahres 1917 mit ihr in das Tessin, nach Locarno-Monti. Dort nehmen sich die beiden eine Wohnung in einem Haus, das den

«Ich war dein Tod. Ich habe dich gemordet» – Klabund und seine erste Ehefrau Brunhild Heberle, die er «Irene» nannte. Sie heirateten 1918, im gleichen Jahr starben Mutter und Kind.

beziehungsreichen Namen «Villa Neugeboren» trägt. Kurz darauf fahren sie noch einmal nach Passau, um gewisse Vorbereitungen zu treffen. Alfred Henschke soll den Eltern Heberle vorgeführt werden. Denn die beiden sind leidenschaftlich ineinander verliebt, und so heiraten sie, nach Locarno-Monti zurückgekehrt, am 8. Juni des Jahres 1918. Gelegentlich treffen sie in diesen Tagen mit Hermann Hesse zusammen, der Henschke in Freundschaft verbunden ist und auch «Irene» sehr schätzt. Das Glück der beiden scheint vollkommen. Die Heiratsurkunde weist einen «Dottore» Alfred Henschke als Ehemann aus – er hat jedoch niemals einen Universitätsabschluß gemacht oder einen akademischen Grad erworben. Aber in diesem Jahr erscheint sein Roman «Bracke», dessen vitalistische Bejahung der Narren und Außenseiter mit dem gleichzeitig entstandenen Theaterstück «Baal» seines Kollegen Bert Brecht übereinstimmt und wieder auf François Villon zurückgeht.

Was dem jungen Paar zur Vollkommenheit des Glücks noch fehlt, ist ein Kind. Brunhild Heberle war schon vor der Heirat dazu entschlossen, ihre geschwächte Gesundheit war ihr kein Hinderungsgrund. Schon im Oktober kommt ein Mädchen zur Welt – ein Siebenmonatskind. Die Geburt verlangt einen Kaiserschnitt, den die frisch getraute Mutter nicht überlebt. Sie stirbt am 30. Oktober 1918. Vier Monate später, am 17. Februar 1919, stirbt auch das Kind.

Der hinterbliebene Ehemann und Vater macht sich die heftigsten Vorwürfe. Er stürzt in tiefe Selbstzweifel, weint nächte- und tagelang um seine «Irene». Auch wenn schon bald eine neue Bekanntschaft in sein Leben tritt – Alfred Henschke kann auch in Zeiten der Trauer auf den zärtlichen Umgang mit Frauen nicht verzichten –, wird er Jahre benötigen, bevor er sich wieder an die Öffentlichkeit wagt. Der doppelte Verlust nach kurzem enthusiastischem Glückstaumel wirft für immer einen tiefen Schatten auf sein labiles Gemüt. Es ist, nach der Erkenntnis über seine lebensbedrohende Krankheit, der zweite, noch viel tiefere Schock seines jungen Lebens. In weit ausholenden Totenklagen schreit er seinen Schmerz rückhaltlos in die Welt:

> Ich war dein Tod. Ich habe dich gemordet.
> Schuld bin ich, daß das Chaos wie ein Krater
> Aufbricht und Feuer speit. Ich bin der Vater
> Der Anarchie, die rot uns überbordet.
>
> Ich war dein Tod. Ich habe dich gemordet.
> Vergebens mahnte mich der brave Pater,
> Ich schändete dich, dolorosa mater …
> Ich habe dich mit meinem Kind gemordet.
>
> Die Herrschaft, die du mit der Lilie übtest,
> Ich stürzte sie im Fieber meiner Kaste:
> Du lächeltest. Du segnetest. Du liebtest.
>
> Ich blickte finster. Drohte. Fluchte. Haßte.
> Und während du das Gold vom Staube siebtest,
> Lief ich zur Wollust, grölte, soff und praßte.

Die Selbstanklage, Frau und Kind fahrlässig getötet zu haben, durchzieht auch die letzten der erhaltenen Briefe an den Mentor Heinrich: «Ich glaube, daß in den nächsten Jahren keine Mutter auf der ganzen Welt mehr *gern* guter Hoffnung wird. Ich sehe *ganz* schwarz.»

Verwegene Reiterin

Der Weltkrieg, den die Deutschen mit so tollkühnen Hoffnungen begonnen hatten, endet in einem blutigen Scherben-
haufen. Statt der erwarteten Siegesfeiern kommt es erst einmal zu einer «Novemberrevolution», die mit der Abdankung
des Kaisers und der Ausrufung einer Republik für neue Un-
ruhen sorgt. In Berlin und anderen Städten des am Boden
liegenden Reiches erschüttern zu Beginn des Jahres 1919
Generalstreiks und ein «Spartakus-Aufstand» die politische
Landschaft. In München, wo sich die Familie Neher mehr
schlecht als recht durch die Kriegswirren geschlagen hat,
kommt es zu einer kurzlebigen «Räterepublik», der die grausame Ermordung des Ministerpräsidenten Kurt Eisner bald
ein blutiges Ende bereitet. Karoline Neher hat in dieser Wirr-
nis nur eines im Sinn: Die triste Stätte ihrer Jugend so schnell
wie möglich zu verlassen und in der Welt der Bühnen ein
neues Leben zu beginnen.

Sie ist sich ihrer vielfältigen Talente sicher. Als sie dem
Intendanten des Baden-Badener Kur-Theaters endlich vor-
sprechen darf, wirft sie sie mit aller Energie in die Waag-
schale. Mit Entschlossenheit und Temperament spielt sie
zuerst einige Chopin-Sonaten vor, tanzt mit erstaunlicher
Spitzentechnik den Frühlingsstimmenwalzer von Strauß
und rezitiert die in München bei dem Schauspieler Kurt Stie-
ler (einer legendären Figur des Münchner Theaters bis in die
fünfziger Jahre dieses Jahrhunderts) einstudierte Rolle der
Wendla Bergmann aus Wedekinds «Frühlings Erwachen».
Der Intendant ist sich in seiner Beurteilung keineswegs sicher, engagiert das hübsche Mädchen aber dennoch. Zwei

Jahre lang spielt sie an diesem Theater kleine Rollen. Mit ihren heftigen Flirts macht sie die Baden-Badener Männerwelt auf sich aufmerksam. Bei einem Wettbewerb im Gesellschaftstanz gewinnt sie mit ihrem Partner, einem Franzosen, den ersten Preis. Daraufhin bekommt sie von reifen Damen der Baden-Badener Gesellschaft das Angebot, Tanzunterricht zu geben. Sie bessert sich damit ihr Taschengeld auf. Sie weiß, daß sie, um Karriere zu machen, ihre Attraktivität ausspielen muß, und pflegt mit Bedacht ihr Image als «femme fatale». Das weckt bei den Männern die Begehrlichkeit. Sie läßt aber nie einen Zweifel daran, daß es ihr zuallererst, wenn nicht ausschließlich, um ihr Fortkommen als Schauspielerin geht. Sie kleidet sich raffiniert, läßt sich dabei von der Garderobe der Pariserinnen anregen, zeigt freizügig ihre hübschen Beine und schmückt sich mit erfundenen oder tatsächlichen Verehrern. Als «Braut eines reichen Russen und Freundin eines eleganten Franzosen» wird sie in Alfred Henschkes späterer Erzählung «Die Silberfüchsin» bezeichnet: «Ich war damals sehr schön – und von einer grenzenlosen Ungezogenheit und Unerzogenheit, die mir aber leider jedermann nachsah. Einmal ohrfeigte ich unter den Kolonnaden den Prinzen Storizin. Eigentlich nur, weil mir sein Parfüm nicht gefiel. Der Prinz entschuldigte sich dann bei mir.» Ihr Publikum bezwingt sie vor allem mit ihrer eigenartigen Stimme, die nicht nur auf die Kollegen am Theater wie die Verlockung einer Sirene wirkt.

Die klirrende, aber anmutige Stimme Karoline Nehers wird besonders den Theaterkritikern noch oft Anlaß zu Verwunderung liefern. «Die Steigerung, der Laut der Erregung, des Bösen, Entscheidenden, Furchtbaren, gerät ohne Vorbereitung, ohne die richtige seelische Resonanz leicht unedel, manchmal gemein» – so hat einer von ihnen das «blecherne» Organ beschrieben. Stefan Grossmann sprach von einer «überraschenden, kindlichen, vom Tiefen zum Hohen schaukelnden, man möchte sagen: indianischen Stimme.

Keine matte, grau gedämpfte Zivilisationssprache, sondern das halbwilde, singende Organ eines Naturkindes» – das war ein unverwechselbarer, verstörender Ton, der auch bei Bert Brecht seine nachhaltige Wirkung nicht verfehlen sollte. Gleichzeitig aber geht von der Elevin eine schillernde Unnahbarkeit aus. Karoline Neher, die von ihrem gewalttätigen Vater den unbedingten Durchsetzungswillen und eine unbeugsame Kraft geerbt hat, erlangt sich schnell den Ruf einer unbedenklichen, dabei aber auch faszinierend naiven Draufgängerin. «Ich ritt in Baden-Baden um fünf Uhr früh die Oos entlang», legt ihr Alfred Henschke einmal in einer «kurzen Sportbiographie» in den Mund, und über ihre selbstverliebte Sportlichkeit schreibt er:

Ich liebe den Sport,
Tous les sports d'été, d'hiver
Eishockey
Eiscremesoda
Bob mit Bobby
Germans
Playing Golf in Germany
und Polo in Brioni!

Ich kann Spagat
Rad fahren
Rad schlagen
Ich laufe gern Eis

Aber noch lieber: Gefahren.

Ich tanze Black and White bottom
und manchen auf der Nase herum

Ich spiele
Klavier
Poker
Wasserball
Erdball
Und Theater.

Ich habe etliche Herren
Knock-Out geschlagen.
Ski=Heil!

Karoline Neher unternimmt nahezu alles, um nach oben zu kommen. Sie arbeitet hart, schult ihre Sprache und Beweglichkeit – und sucht sich die Männer aus, die ihre Karriere befördern können. «Als ich in Baden-Baden Tanzgirl war» (wieder einmal geht sie mit der Wahrheit spielerisch um) «ging ich viel auf Bälle», berichtet sie einige Jahre später dem «Berliner Tageblatt». «Einmal sah mich bei dieser Gelegenheit Gustav Hartung … und ließ mir sagen, daß er mich für ein begabtes Mädel halte, ob ich bei ihm gastieren wolle.» (Der damalige Darmstädter und spätere Berliner Theaterdirektor wird sich an die junge Dame aus Baden-Baden erinnern und sie später in der Inszenierung eines Boulevardstücks «Cœur-Bube» einsetzen.) «Ich wollte natürlich – und wir einigten uns, daß ich als Jessica im ‹Kaufmann von Venedig› gastiere» (die Darmstädter Jessica war nämlich erkrankt). «Ich kannte das Stück vom Lesen nur – von der Schule her – hatte es nie gesehen – viel weniger kannte ich die Rolle. Ich lernte die Rolle in der Bahn. Am nächsten Tag spielte ich sie.» Natürlich, der Erfolg blieb aus! Aber immerhin war es ein Erlebnis. Am häuslichen Glück im Winkel ist der Künstlerin am wenigsten gelegen. Sie sucht mit dem sicheren Instinkt für ihre Wirkung das Rampenlicht und die schrille Künstlerwelt der jungen Republik. Viele der ihr angedichteten Verhältnisse sind nur raffiniert gespieltes Theater.

Aufgefallen war ihr Talent schon dem einflußreichen, in München residierenden Theateragenten Frankfurter, der ihr den ersten Vorsprechtermin in Baden-Baden vermittelt hatte. Aber noch sind die schauspielerischen Mittel des Mädchens höchst unvollkommen. Das hält 1922 auch den Leiter der Münchner Kammerspiele davon ab, die Schauspielerin fest zu engagieren. Immerhin kommt es zu einigen kleineren Rollen und Stück-Verträgen – und zu einer Bekanntschaft, die sowohl für ihre Karriere wie auch für ihr Leben folgenreich werden sollte: mit Bert Brecht. Der junge Dichter setzt sie sogar einmal in einem Stummfilmchen ein, das er gemeinsam mit Karl Valentin 1923 in München dreht: «Mysterien eines Frisiersalons». Dem Regisseur Rudolf Frank hatte sie sich, wie er behauptete, mit den Worten angekündigt: «Ich komme nächste Woche zu Ihnen nach München und werde Ihnen so gut gefallen, daß Sie mich engagieren. Ich will an die Kammerspiele. Damit Sie sehen wie ich aussehe, lege ich Ihnen meine Fotos bei.» Es gelingt ihr, in München auch noch einen anderen für ihre Karriere nützlichen Mann für sich zu gewinnen, den Schauspieler und Regisseur Julius Gellner. Von ihm meinte der damalige Kammerspiel-Dramaturg Wolfgang Petzet, er habe «seine jeweilige Liebe in hingebungsvoller Rollenarbeit sublimiert». So arbeitet er auch mit Karoline Neher, wann immer er Zeit dazu hat. Er nimmt sie mit nach Nürnberg, wohin er engagiert ist, und setzt sie dort immer häufiger auch in größeren Rollen ein: sie spielt in Sternheim-, Schnitzler- und Wedekind-Stücken und erhält erste Kritiken, die sich sehen lassen können.

Aber Karoline Nehers Ziel ist und bleibt eine erste deutsche Bühne. So kehrt sie im Sommer 1924 nach München zurück, wo sie sich zwar mit einer kleinen Rolle in Wedekinds «Büchse der Pandora» begnügen muß – aber auf jenen Mann trifft, der ihrem jungen Leben eine neue Wendung geben wird. Daß sich die Begegnung in der Straßenbahnlinie 2 in der Münchner Augustenstraße abgespielt hat, hat sie selbst erzählt. Aber sie wäre nicht Karoline Neher, hätte sie nicht auch andere Versionen in Umlauf gebracht. Mit der Wahrheit und dem Risiko hat sie nicht nur auf der Bühne oft und leichtsinnig gespielt.

Ihr erstes Film-Engagement erhielt Carola Neher von Bertolt Brecht: 1923 wirkte sie in dem Stummfilm «Mysterien eines Frisiersalons» mit, den Brecht, Erich Engel und Karl Valentin damals in München drehten.

Klabund, atemlos

Das inzwischen kaiserlose Deutschland erbebt von den Detonationen heftiger Demonstrationen, von Streiks und innerparteilichen Kämpfen. Die Republik erweist sich als eine äußerst schwierige Geburt auf labiler Grundlage. In Berlin wird der Jahresbeginn 1919 von heftigen Aufständen der Spartakus-Gruppen gekennzeichnet, deren geistiges Oberhaupt, Rosa Luxemburg, die Ziele eines demokratischen Kommunismus formuliert und die Gründung einer sozialistischen Republik fordert. Die revolutionären Erhebungen versinken ebenso im Blut wie die Räterepublik in München, in der Literaten wie der Anarchist Erich Mühsam eine herausragende, aber tragische Rolle übernommen haben.

Alfred Henschke steht dem politischen Geschehen zweifelnd gegenüber. Noch sitzt er in der friedlichen Schweiz und ist auf Nachrichten angewiesen. Eine davon trifft ihn besonders tief: Erich Mühsam, den er schon aus seiner Studentenzeit in München kennt, wird während der Spartakisten-Unruhen im April 1919 festgenommen. Das Telegramm eines Freundes teilt es ihm mit. Er vermag sich von den Einzelheiten der deutschen Revolutionswirren kein genaues Bild zu machen, aber sein Herz schlägt ohne Ansehen ideologischer Standorte für die beteiligten Dichter. Seine Position gegenüber dem Sozialismus ist ebenso unbestimmt distanziert wie die gegenüber den liberalen Demokraten. Konkrete Politik jenseits von Moral und Gerechtigkeitssinn ist seine Sache nicht, und für die utopischen Parolen aus Moskau hat er wenig übrig. Später, am 7. Juni 1919, wird er an die nach Bamberg ausgewichene bayrische Regierung Hoffmann ein Telegramm schicken, das seine politische Naivität ebenso belegt wie seine lautere Menschlichkeit: «Keiner Partei zugehörig protestiere ich aus Gründen der Gerechtigkeit und Menschlichkeit empört gegen die Hinrichtung Levinés». Der Schriftsteller Eugen Leviné, Nationalökonom und Redakteur, seit seinem sechzehnten Lebensjahr in der sozialistischen Bewegung tätig, hatte in einem tapferen Schlußwort vor Gericht erklärt: «Wir haben alle versucht, nach bestem Wissen und Gewissen unsere Pflicht zu tun gegen die Internationale, die kommunistische Weltrevolution.» Als er das Freundes-Telegramm mit der Aufforderung erhält, sich um den inhaftierten Mühsam zu kümmern, zögert er keinen Augenblick. Bitten um freundschaftliche Hilfe läßt sich Henschke nie zweimal sagen, er hat das schon oft unter Beweis gestellt. So reist er in das unruhige Deutschland – und wird selbst festgenommen. Er nimmt den Weg über Passau, wo seine Schwiegereltern wohnen, mit denen er bis zum Ende seines Lebens Kontakt hält. In München wird er am 16. April 1919 verhaftet und für zehn Tage in «Schutzhaft» genommen. Seine Tagebuchaufzeichnungen aus dem «eiskalten Arrestlokal von Straubing auf der Pritsche» schildern beklemmend die für seine angegriffene Gesundheit gefährlichen Umstände, in die er geraten war. «Nehmen Sie Ihren Jaucheeimer und leeren Sie ihn draußen aus!» – mit solchen Befehlen am frühen Morgen wird dem Gefangenen die Erbärmlichkeit seiner Lage täglich vor Augen geführt. Aber Alfred Henschke weiß auch noch in der Gefängniszelle die finstere Realität gegen eine für ihn wichtigere einzutauschen: die der Kunst. Er liest sich in E. T. A. Hoffmanns «Serapionsbrüdern» fest und entdeckt verzückt in Hoffmann einen Gleichgesinnten, einen «Geisterseher».

Nachdem «fünfzig bis sechzig Leute völlig überflüssig meinetwegen bemüht worden» sind, wird der ungefährliche Gefangene wieder freigelassen. Die ganze Sache hat sich schnell als Irrtum erwiesen. Alfred Henschke genießt die Errettung wie eine Wiedergeburt: «Frei! Wieder draußen! Wieder lebendig! Ich bin noch zu erregt und nervös, um die Wogen der Empfindungen, die mich durchströmen, bändigen zu können ... Was Putsch! Was Revolution! Ich will erst wieder einmal atmen und lächeln dürfen.» Das Leben hat ihn wieder, er genießt die Befreiung wie im Rausch. Und er weiß, daß seine Tage doppelt und dreifach zählen. Seine Entschlossenheit, mit den Mitteln der Dichtung – und nur mit diesen – in die politischen Geschehnisse einzugreifen, hat neue Schubkraft erhalten. Dabei ist er alles andere als ein Egozentriker. Er ist an seiner Mitwelt geradezu brennend interessiert und beansprucht in der neuen Republik einen Platz unter den Dichtern, die mit der Welt von gestern gebrochen haben. Und er läßt sich «von nichts abbringen, was ich als richtig erkannt habe. Ich habe mich auch durch Not nicht von meinen Plänen ablenken lassen ... ich war immer sehr sicher meiner selbst.» Selbstmitleid oder gar das Kokettieren mit der eigenen Schwäche sucht man bei Alfred Henschke vergebens. Um so mehr erfährt er das Mitleid seiner Kollegen und Freunde, die dem Kranken das Leiden an der Stirn ablesen können.

Zwischen der Befreiung aus dem Gefängnis im April 1919 und der Begegnung in München mit Karoline Neher im Sommer 1924 liegen die für Alfred Henschke wohl produktivsten und beglückendsten Arbeitsjahre seines kurzen Lebens. Wie entfesselt tobt sich der Dichter jetzt auf allen Bühnen der Literatur nahezu gleichzeitig aus. Neben verschiedenen, oft im Telegrammstil geschriebenen Romanen, seinen kleinen pointierten «Literaturgeschichten für eine Stunde», neben zahllosen Artikeln in Zeitungen, grotesken Erzählungen und virtuosen Nachdichtungen sind es vor allem die vielen, mit leichter Hand geschriebenen Texte für das wiedererblühte Berliner Kabarett der Nachkriegszeit, die den Namen «Klabund» jetzt populär machen. In einer Skizze formuliert er

1921: «Vulkan, der Gott Berlins, schmiedete ihn zum Dichter. Es sei gewarnt, falsche Folgerungen zu ziehen: der Dichter steht mit beiden Beinen fest auf seiner märkischen Erde. Die deutsche Tradition, in die er sich eingeweiht fühlt, ist die der Mystik und die der Romantik.» Er verschweigt dabei, daß eine andere junge Tradition ihn nicht weniger geprägt hat: Die der Berliner und Münchner Kabaretts, die eine neue und freche «Gebrauchslyrik» für den schnellen Verzehr entstehen ließ.

Mit der Lockerung der Zensur entstehen überall neue Kleinkunstbühnen. Allein Berlin verzeichnet im Jahr 1922 achtunddreißig Kabaretts. In anderen deutschen Städten spielen mehr als hundertvierzig Kabarett-Unternehmen. Der Hunger nach Vergnügen und Vergessen, nach frechem Aufbegehren und, nicht zuletzt, auch nach erotischer Freizügigkeit ist nach dem Alptraum des verlorenen Krieges grenzenlos. Alfred Henschkes Erfahrungen im Münchner «Simplicissimus» lassen ihn für das in Berlin wiedergegründete Kabarett «Schall und Rauch», das auf Max Reinhardts Aktivitäten der Vorkriegszeit zurückgeht und nun, unter dessen Obhut (nicht mehr unter seiner Leitung), an seinem «Grossen Schauspielhaus» Quartier bezieht, wie gerufen erscheinen. Schon in der Eröffnungsvorstellung im Dezember 1919 trägt Henschke «eigene groteske Dichtungen» vor, Hubert von Meyerinck gibt Klabund-Balladen zum besten. Ein anderer Mitwirkender der Eröffnung ist der Regisseur und Schauspieler Gustav von Wangenheim. Als er seine Pierrot-Lieder zur Musik von Werner Richard Heymann vorträgt, kann Alfred Henschke nicht ahnen, wie sehr dieser Mann noch einmal die Mißliebigkeit des Namens Henschke – und die Ermordung einer Trägerin dieses Namens – befördern sollte. Claire Waldoff, Trude Hesterberg und «Klabund» begründen das erste deutsche Radio-Kabarett. Die Schauspielerin Rosa Valetti eröffnet 1921 ihr bald umjubeltes Kabarett «Café Größenwahn» am Kurfürstendamm, Trude Hesterberg ihre «Wilde Bühne» wenige Schritte entfernt in der Kantstraße. Zu den vielen prominenten Autoren, die für und auf diesen Bühnen wirken, zählen Kurt Tucholsky, Walter Mehring und natürlich auch Alfred Henschke-Klabund.

Am Kurfürstendamm da hocken zusamm'
die Leute von heute mit großem Tamtam.
Brillanten mit Tanten, ein Frack mit was drin,
ein Nerzpelz, ein Steinherz, ein Doppelkinn.

Die Berliner Atmosphäre der Schieber und Luden, der Spekulanten und Gauner, der Erfolgreichen und Benachteiligten leuchtet aus Henschkes atemlos hervorsprudelnden Versen so grell wie aus den Bildern von George Grosz oder Otto Dix. Sein Einfallsreichtum, seine variantenreiche Beherrschung von Rhythmus und Pointe, Witz und Zeitkritik machen ihn zu einem der beliebtesten Wortführer der neuen Freiheit, des neuen Übermuts und der Berliner Scharfsichtigkeit. Seine hinreißenden «Bänkellieder» werden Allgemeingut:

Meine Mutter liegt im Bette
denn sie kriegt das dritte Kind.
Meine Schwester geht zur Mette,
weil wir so katholisch sind.
Manchmal tropft mir eine Träne
und im Herzen puppert's schwer;
und ich baumle mit de Beene,
mit de Beene vor mich her.

Die für die Sängerin Blandine Ebinger – sie ist mit dem Komponisten Friedrich Hollaender verheiratet – geschriebene Ballade von der Berliner Göre, deren Emil am Ende «mit de Beene vor sich her» am Galgen baumelt, spielt frech mit dem sozialen Elend und nimmt doch leidenschaftlichen Anteil am Schicksal jenes anderen Berlin, das nie in den Genuß der «Goldenen Jahre» kommen wird. Es ist Großstadtpoesie von schwereloser Einfachheit und Bissigkeit – Henschkes Brettl-

Lyrik gehört neben der von Erich Kästner, Kurt Tucholsky, Walter Mehring zum Besten, was das Berlin jener Zeit zu bieten hat. Henschke verdient sich damit schnelles Geld, aber es reicht bestenfalls von einem Tag auf den anderen. Wie er selbst über diese mit leichter Hand, aber übersprudelndem Talent geschriebene «Gebrauchslyrik» denkt, läßt er einmal seinen Helden in dem «im Fieber einer Krankheit» geschriebenen Roman «Spuk» sagen: «Diese Couplets, die ich da verfertige, sind also Werke. Mir wird übel. Wenn diese Gesellschaft und diese Gesellschaften wüßten, was alles mein Werk ist ...»

Vor allem auch wegen der Vertonungen von Komponisten wie Friedrich Hollaender, Hanns Eisler oder Ralph Benatzky tragen Klabunds Texte nicht wenig zu jenem aufgeheizten kulturellen Klima bei, das man mit den «Goldenen zwanziger Jahren» verbindet. Aufsässigkeit und Vielseitigkeit sind in der labilen Republik für junge Künstler, die den Erfolg suchen, ein selbstverständliches Gebot. Kultur und Politik waren – ein besonderer Akzent der Epoche – eng verschmolzen. Kunst und Literatur stehen weitgehend links – was auch immer Alfred Henschke und seine Künstler-Freunde darunter verstehen mögen. In der Beurteilung der Novemberrevolution sind sich die meisten Berliner Künstler weitgehend einig. Im Sinne von Ernst Tollers Weltverbesserungseuphorie und dem Ruf nach einer «Herrschaft der Geistigen» beteiligen sich Autoren wie Heinrich Mann, Robert Musil, René Schickele an den Versammlungen der Räte – Alfred Henschke gehört jedoch niemals zu denen, die sich über das feuilletonistische Schreiben hinaus konkret in das politische Geschehen einmischen. In Wahrheit bleibt er immer ein Bürger, der an Korrekturen der bestehenden Ordnung, nicht aber an ihrer Umwälzung interessiert ist.

Die aufgewühlte Atmosphäre dieser Jahre reißt den rastlosen, kranken Dichter erneut in einen geradezu atemberaubenden Reigen erotischer Abenteuer. Mal ist es eine Argentinierin, die von ihren Freunden «Das Silberschiff» genannt wird, dann eine «Mimi» aus Heidelberg, dann eine «Fanny» und schließlich «Mascha», eine Kaffeehausgeigerin aus Polen mit dem vornehmen Namen Maryla von Scostkiewicz, die er auf einer Tournee bis nach Italien und ins Tessin begleitet. Was sich auf den ersten Blick wie eine wahllose Anhäufung von Affären ausnimmt, verrät Konsequenz: Ohne Partnerin aus der Welt der Bühne und der Lebenslust vermag der Dichter nun nicht mehr zu existieren, und die Angst vor der Einsamkeit des Kranken jagt ihn von einem Abenteuer in das nächste.

Aber auch seine literarische Produktion in diesen Jahren ist atemberaubend – dies um so mehr, als sich seine Gesundheit immer wieder dramatisch verschlechtert und er, statt auf den Davoser Liegeterrassen seine Lunge zu schonen, unentwegt umherreist, nachts häufig in Kabaretts auftritt und am Tage gegen seine finanzielle Misere anschreiben muß. Das Publikum beginnt, diesen Dichter zu lieben. Die Auflagen seiner Bücher steigen. Da schadet es auch nicht, wenn sich einige Rezensenten an seinem üppig quellenden Ausstoß stören und ihn gelegentlich unsanft in seine Schranken verweisen. Ein respektloser Parodist namens Heinrich von Twardowski verfaßt einmal ein bösartiges Gedicht mit dem Titel «Henschkes Erweckung»:

> Müde schlich ich über diese Erde.
> Doch da tönt es plötzlich in mir: werde!
>
> Denn was bist du jetzt noch in der Tat?
> Nichts als nur ein kleiner Literat.
>
> Brich empor aus dem Caféhaus-Schatten,
> lasse doch zwei Schnecken sich begatten.
>
> Und bedichte deine Brust-Tuberkel,
> sei mit einem Wort – ein kleines Ferkel!

Doch was helfen Ferkelei und Geist,
wenn man doch von Haus aus «Henschke» heißt?

Dieses klingt banal und bitter – barsch.
Nein, der Name ist nicht literar'sch.

Drum knie nieder Freund, vernimm, schau her:
Heut noch Henschke, und dann nimmermehr.

Sei getrost, es deckt den Henschke-Schund
nun in alle Ewigkeit: Klabund.

Die Parodie spielt zynisch mit Henschkes gefährlicher Krankheit, aber soll sich literarische Kritik auch von Mitleid leiten lassen?

Ohne die großzügige Hilfe enger Freunde – etwa die der Kabarettistin Trude Hesterberg, die ihm einmal mit eineinhalbtausend Reichsmark aushilft – könnte Klabund seine medizinische Betreuung längst nicht mehr bezahlen. Als ihn gesundheitliche und finanzielle Not wieder einmal besonders quälen, fällt ein Glücksstern in Gestalt der Schauspielerin Elisabeth Bergner vom Himmel. Sie lernt den von Operationen geschwächten Dichter im Berliner Deutschen Theater kennen. Wie bei seiner ersten Frau «Irene» hat auch bei ihm die Tuberkulose inzwischen den Kehlkopf befallen – ein dreimaliges Ausglühen der Geschwüre war unvermeidlich geworden. Nahezu ohne Stimme sitzt er bescheiden und hohläugig in einer Ecke des Cafés. Während des Abends macht ihm – so jedenfalls hat sie es erzählt – die Bergner den Vorschlag, für sie das alte klassische Stück aus China «Der Kreidekreis» neu zu schreiben. «Eines Abends saß ich mit Viola [einer Freundin der Bergner] und Granach [dem Schauspieler Alexander Granach] im DT. Das DT war das Restaurant im Deutschen Theater. Und auf einmal sagte Granach: ‹Dort sitzt der arme Klabund.› Ich sagte: ‹Ist das der Klabund, von dem ich so wunderschöne chinesische Gedichte kenne? Warum ist er arm?› Und jetzt erzählt mir Granach, daß Klabund an Kehlkopf-Schwindsucht leide und nur noch kurze Zeit zu leben habe, da er das Geld nicht hatte, um in ein Schweizer Sanatorium zu gehen, zur Behandlung ... Er ging und kam mit Klabund zurück. Klabund hatte wirklich keine Stimme und sah aus wie ein lebender Leichnam. Etwas ging in mir vor ... Ich begann, ihm zu erzählen, wie sehr ich seine chinesischen Übersetzungen liebte. Er schien sich zu freuen ... Ich fragte ihn, ob er vielleicht das alte klassische Stück ‹Der Kreidekreis› kenne. Er verneinte ... Ich fragte Klabund, ob er dieses Stück lesen wolle ... Er sagte, er würde es gerne lesen. Ich sagte ihm, wenn ihm dieses Stück gefalle und er Lust hätte, es zu bearbeiten, dann würde ich versuchen, ihm einen Vertrag zu verschaffen, der es ihm ermöglichen könnte, sich in ein Schweizer Sanatorium zurückzuziehen, zwecks gründlicher Behandlung, und ihm gleichzeitig erlauben würde, sich ungestört der Stück-Bearbeitung zu widmen ... Klabund gab mir seine Adresse und am nächsten Morgen schickte ich ihm das Stück. Jetzt ging alles sehr schnell. Ich rief Edmund Reinhardt an und bat um eine Unterredung. Er ließ mich kommen, ich erzählte ihm, was ich wußte und verlangte einen Vertrag für Klabund, der ihm erlauben würde, sofort in die Schweiz zu reisen ... In sehr wenigen Tagen reiste Klabund mit Vertrag und Vorschuß nach Davos ... Klabund wurde gesund (!) ... und erlebte den großen Erfolg des Stückes unter [Max] Reinhardts Regie, mit Eugen Klöpfer, Hans Thimig, Maria Koppenhöfer und mir.»

Elisabeth Bergner hatte freilich nicht nur des Dichters Krankheit und seine Sorgen um Geld im Blick: Die Rolle der Haitang in diesem Stück hatte es ihr angetan. Sie hat sie später auch gespielt. Aber niemand in dieser Rolle konnte den Autor so entzücken wie Karoline Neher.

Der Kreidekreis

«Es gibt kaum eine Aktivität, kaum ein Unterfangen, das mit so ungeheuren Hoffnungen und Erwartungen begonnen wird und das mit einer solchen Regelmäßigkeit fehlschlägt wie die Liebe», hat der große Humanist Erich Fromm gesagt. Am Anfang stehen Seligkeit, Rausch und Verzückung – am Ende oft Ernüchterung und Schmerz. Die entschlossene Schauspielerin Karoline Neher und der kränkelnde, aber von unstillbarem Lebenshunger gejagte Dichter Alfred Henschke haben beide den Beginn und das Ende einer Liebe schon häufig kennengelernt. Die Schauspielerin, die ihren Beruf über alles andere stellt, verfügt, als sie den Dichter in München kennenlernt, jedoch nur über Erfahrungen mit koketten Amouren. Sie ist im Herbst 1924 ganze vierundzwanzig Jahre jung und genießt es, daß das «richtige» Leben und die «richtige» Liebe noch vor ihr liegen. Anders als sie ist ihr neuer Verehrer jedoch schon durch tiefe Höllen gegangen. Seit dem Verlust seiner ersten Ehefrau vor sechs Jahren kennt er den bitteren Schmerz des Verlustes. Niemals, auch nicht in den Augenblicken höchsten Glücks, wird er seine «Irene» vergessen. An ihrem Tod fühlt er sich noch immer mitschuldig und ihr Bild zieht sich durch seine Dichtung. Als sie starb, war er achtundzwanzig Jahre alt. Jetzt, mit vierunddreißig Jahren, ist er noch immer ein junger Mann, doch er weiß, daß seine Jahre anders als die Karoline Nehers zählen: «wo andere gehen, da muß ich fliegen», heißt es in einem seiner Gedichte. Seine Lust auf Liebe ist noch immer unstillbar, doch unterscheidet ihn von seiner neuen Partnerin die leidvolle Erfahrung der Endlichkeit. Sein Lebenshunger hat sich durch den erlittenen Verlust nur noch weiter gesteigert. «Seitdem ich langsam sterbe, bin ich Dichter geworden», sagt er einmal. Für die zehn Jahre jüngere Schauspielerin aus München ist jede neue Begegnung ein unverbindliches Abenteuer, dem sie allerdings nur jenen knappen Raum zumessen will, der neben ihrer Theaterarbeit noch bleibt.

Anders als Karoline Neher steht Alfred Henschke inzwischen auf dem Höhepunkt seiner künstlerischen Arbeit. In seinem eben beendeten Stück «Der Kreidekreis» hat er den Triumph der Liebe über Mißgunst und Zweifel so dramatisch wie noch nie gefeiert. Mit der Uraufführung dieser in wenigen Davoser Wochen zu Papier gebrachten Nachdichtung hat er den Zenit seines Schaffens erreicht: nicht weil «Der Kreidekreis» seine literarisch beste Arbeit ist – Alfred Henschkes wichtigstes dichterisches Vermächtnis wird, trotz vieler für den Tag geschriebener Verse, vor allem seine Lyrik bleiben –, sondern weil keines seiner Werke ähnlichen Anklang beim Publikum gefunden hat. Kein weiteres wird ihm ähnlichen Erfolg bescheren. Das hat – neben dem poetischen Flair der Szenen – gewiß auch mit der sich ganz von der politischen Aufgeregtheit seiner dichterischen Gefährten abhebenden Magie zu tun, die diese Nachdichtung eines alten chinesischen Singspiels durchzieht. Im Kampf zwischen der bescheidenen und naturhaft mütterlichen Haitang und der ehrgeizigen und nur auf den gesellschaftlichen Erfolg erpichten Gattenmörderin Yü-pei siegt die Aufrichtigkeit des Gefühls. Im Konflikt zwischen Menschlichkeit und gesellschaftlicher Realität siegt die Menschlichkeit – solche Töne stillten den Hunger der von Politik und Staatswesen enttäuschten Zeitgenossen. Klabund hat die chinesische Vorlage dramatisch übersteigert und ihren Gehalt an fernöstlicher Weisheit auf anrührende, publikumssichere Weise szenisch verdeutlicht. Damit hat er auch wieder sein eigenes Lebensgefühl artikuliert: den Sieg der Poesie über die Niederungen der Realität. Die Zuschauer verstanden die Botschaft und waren von diesem Schrei nach Versöhnung und Gerechtigkeit gerührt. Das Bühnenbild der Berliner Aufführung schuf Caspar Neher (mit Karoline Neher nicht verwandt!). Alfred Kerr sprach von einer «fesselnden Stil-Mandschurei», Max Osborn schwärmte von den «leicht hingetuschten Farben» und den «rätselhaften chinesischen Schriftzügen, die über Wände und Täfelchen klettern».

Für den Dichter aber ist die neue Geliebte ein einziger «rocher de bronce». Er heftet sich nach dem Motto «carpe diem» bedingungslos auf ihre Fersen.

Das erste gemeinsame Ziel heißt Breslau. Die Stadt im Osten des Reiches liegt nicht allzu weit vom heimatlichen Crossen entfernt. Für Karoline Neher ist nicht nur das Leben zu zweit, sondern auch diese Stadt Neuland. Aber immerhin liegt sie nicht allzu weit von Berlin entfernt – und dort ist schließlich der Theater-Mittelpunkt der Welt.

Das Breslau der zwanziger Jahre ist eine verträumte, enge und eher spießbürgerliche deutsche Kleinstadt. Der Breslauer Schriftsteller Hans Sahl, der Karoline Neher in Breslau getroffen hat, hat die «sauberen, asphaltierten Straßen» und «die Geranientöpfe auf den Balkonen», «die Melancholie der Oderlandschaft im Spätherbst» nostalgisch beschrieben. Friedrich der Große hat die Stadt, die einen Martin Opitz, einen Angelus Silesius und einen Christian von Hoffmann von Hoffmannswaldau hervorgebracht hat, als «eine der besten in Deutschland» bezeichnet. Goethe freilich störte sich bei einem Besuch an dem «lärmenden, stinkenden Breslau». Er meinte damit die Altstadt mit ihren verwinkelten Fachwerkhäusern. Joseph von Eichendorff, der in Breslau das «Josephskonvikt» besuchte und hier seine Beamtenlaufbahn begann, sah das anders: Er schwärmte von einem geradezu «feinen Duft, der über der wunderschönen Landschaft und den Türmen und Dächern zittert». Die Stadt hat einmal einen Mongolensturm und mancherlei kriegerische Zerstörungen ertragen müssen, zum Zeitpunkt aber, als sich Alfred Henschke und seine schöne Freundin hier vorübergehend niederlassen, hat sie sich zu einer der größten deutschen Städte mit mehr als sechshunderttausend Einwohnern und zu einem beträchtlichen industriellen Zentrum gemausert. Deutschlands drittgrößte jüdische Gemeinde ist hier, um die Synagoge zum weißen Storch herum, herangewachsen, und die geputzten alten Giebelhäuser werden als ein Meisterwerk deutscher Gotik bejubelt. Breslau ist das kirchliche Zentrum Schlesiens. Dazu hatte nicht zuletzt der berühmteste Religionsphilosoph der Romantik, Friedrich Wilhelm Schleiermacher, beigetragen. In Breslau wurde aber auch Ferdinand Lasalle, der erste deutsche Sozialistenführer, geboren. August Heinrich Hoffmann von Fallersleben, der sich nicht nur durch seine Deutschland-Hymne, sondern auch mit dem anspruchslosen Liedchen «Alle Vögel sind schon da» in die Herzen seiner Landsleute geschrieben hat, zählte zu den berühmten Professoren der Breslauer Universität. Gotthold Ephraim Lessing lebte als Sekretär eines Herrn von Tauentzien ganze fünf Jahre in der Stadt an der Oder, die nach dem Ende des Zweiten Weltkrieges zu Polen gehören und «Wroclaw» heißen wird.

Alfred Henschke und Karoline Neher freilich haben für die düstere Romantik Breslaus wenig übrig. Sie zählen des Nachts die Betrunkenen in den Straßen dieses «Bollwerks des Ostens», stören sich an den vielen Wanzen in ihrem kärglichen Hotelzimmer und interessieren sich nur für eine einzige Institution der Stadt: das Theater. Es ist das weithin anerkannte «Lobe-Theater», und sein Direktor Paul Barnay – den die Nationalsozialisten später ermorden werden – hat sich bereits einen Namen gemacht. An dieses Haus hat der Schauspieler Eugen Klöpfer die junge Neher empfohlen. Für eine Gage von 150 Mark monatlich ist sie in das Ensemble eingetreten, um sich nun endlich in vielerlei Hauptrollen zu bewähren. Barnay hat ein besonderes Gespür für neue Talente,

er hat schon Therese Giehse und Peter Lorre zu erstem Büh-
nenruhm verholfen. Nun gehört auch Karoline Neher zu den
Schauspielerinnen, die nicht nur als Zweitbesetzung ein-
springen dürfen, sondern von der Premiere an dabei sind.
Und sie kann sehr bald alle Register ihres, allerdings noch
längst nicht vollkommenen, Könnens ausspielen. «Das Lobe-
Theater war», so hat der an dieser Bühne zuerst bekannt
gewordene Schauspieler Otto Eduard Hasse in seinen Memoiren geschrieben, «ein richtiges altes Theater aus den
sechziger Jahren des vorigen Jahrhunderts, ein bißchen ver-
gammelt, aber doch ein richtig schönes Theater. Da spielte
man gerne. Es stand mit der Rückfront zur Straße, die Säu-
lenfassade stand in einen Garten hinaus, niemand sah sie.
Pallenberg, der sich gerade über einen Verriß in Breslau geär-
gert hatte, meinte dazu ‹was kann man schon von einem
Theater erwarten, das mit dem Arsch nach vorne steht›.» Das
Haus ist den großen Klassikern ebenso verpflichtet wie leich-
teren Boulevardstücken. Schließlich muß das private Theater
sein Geld selbst verdienen. Karoline Neher wird diese Zwei-
gleisigkeit in ihrer Karriere noch sehr zustatten kommen.

Der Neuzugang spielt gleich die Hauptrolle der Ingeborg
im gleichnamigen Stück von Curt Goetz und wenige Monate
später die Cleopatra in Shaws «Caesar und Cleopatra» (in
dieser Rolle wird sie später, in Wien, auch die Bewunderung
des großen Kritikers Alfred Polgar auf sich ziehen), die
Scampolo in der gleichnamigen Komödie von Dario Nic-
codemi und schließlich Shaws «Heilige Johanna», die ihr
einen ersten Triumph beschert. Schon als Cleopatra hat sie
die Breslauer Kritik in ihren Bann gezogen: «ein Katzenkind,
schmeichlerisch und raubtierhaft, mit heiterer Gier nach
Glück und dunklem Rachetrieb, ein Schleichendes und Lä-
chelndes, Sanftes und Begehrendes – mit sprunghafter Anmut». Fast möchte man meinen, der Kritiker habe nicht die
schauspielerische Leistung Carola Nehers beschreiben, sondern ein persönliches Profil von ihr zeichnen wollen. Bei den

vielen Auftritten bleibt für das Turteln der frisch Verliebten wenig Zeit. Alfred Henschke fühlt sich unversehens zum Mann hinter Karoline Neher herabgestuft. Er schickt sich in diese neue Rolle erst einmal mit lässiger Überlegenheit und erduldet die «etwas verworrenen Theaterverhältnisse» mit der Geduld des glühenden Verehrers. Paul Barnay trägt sich mit dem Gedanken, den auch von ihm geschätzten Dichter als «künstlerischen Beirat» zu verpflichten. Aber dazu kommt es dann doch nicht – weil Alfred Henschke in der «Frankfurter Zeitung» einen Text veröffentlicht, aus dem seine Abneigung gegen die Stadt Breslau unschwer herauszulesen ist. «Dieser Artikel hat die schlesischen Lokalpatrioten entsetzlich in Harnisch gebracht» – so begründet er das Scheitern des Planes (der dem jungen Paar aus seinen finanziellen Engpässen herausgeholfen hätte) im «Berliner Tageblatt». «Ein Mann, der solcherlei Geblödel zu schreiben wagt, ist für den Posten eines schlesischen Dramaturgen ungeeignet.» Henschke beklagt sich verärgert, daß jenem schlesischen Journalisten, der sich gegen Henschkes abfällige Bemerkungen in einer Heimatzeitung zur Wehr setzte (trotz «meiner an so vielen Stellen meiner Schriften bewiesenen Heimatliebe und Heimatverehrung»), wohl «die Breslauer Nationalgerichte nicht mehr schmecken». Nicht zum letzten Mal macht er die Erfahrung, daß ein Theater mehr an seiner Geliebten als an ihm selbst interessiert ist. Immerhin kommt es zu einer kleinen Matinée mit einem ziemlich schwachen Schwank von Alfred Henschke-Klabund, «Hannibals Brautfahrt», in dem Karoline Neher den Hauptpart einer Amerikanerin übernehmen darf. So verheißungsvoll der Start in Breslau für Karoline Neher begonnen hat – ihr Geliebter leidet unter seinem Aufenthaltsort, der nicht die nächtlichen Abwechslungen Münchens oder Berlins bereithält. Die beiden geben sich morgens und abends fast nur noch die Klinke in die Hand. «Schauspielerinnen sind vor allem Arbeiterinnen ... Das Wirkungsbedürfnis, von der Bühne in den Alltag übertragen, richtet fragwürdige Dinge an», meint Heinrich Mann einmal in einem Essay über Schauspielerinnen und fügt hinzu, daß zu ihrem Metier manchmal «gewagte Versuche mit dem Schicksal anderer» gehörten. Als habe er bei diesen 1926 geschriebenen Zeilen an Karoline Neher gedacht, so deutlich hat er mit diesen Worten ihr Verhältnis zu ihrem neuen Partner und zu ihrer Umwelt beschrieben. Alfred Henschke, der sich in München als stadtbekannter Dichter fühlen konnte, aber in Breslau auf seine Kontakte zu anderen Städten angewiesen ist, muß jedenfalls in Breslau endgültig akzeptieren, daß bei seiner neuen Freundin nicht er, sondern das Theater die erste Geige spielt.

«Schulden wie Heu, Stroh im Kopf, und nur ein brennendes Herz. Wie soll das enden? – Hoffentlich nicht mit einer Katastrophe»: die bänglichen Worte, die Alfred Henschke am 3. November 1924 an seinen Freund und Mentor Heinrich richtet, deuten an, daß es um seine Selbstsicherheit inzwischen nicht mehr so gut bestellt ist. Aber Alfred Henschke wäre nicht der auch unter extremsten Umständen zu eisernem Durchhalten entschlossene und befähigte Dichter «Klabund», wenn er sich von materiellen und anderen Sorgen schnell unterkriegen lassen würde. Zwar verschlechtert sich um die Jahreswende sein Gesundheitszustand wieder einmal bedenklich. Er zwingt ihn, für einige Wochen ein Sanatorium in Berlin aufzusuchen. Aber danach stabilisiert er sich wieder, und das neue Jahr läßt sich auch aus anderen Gründen erst einmal erfreulich an.

Auch die politische Stabilität in Deutschland gewinnt inzwischen wieder an Boden. Die Republik scheint ihre Geburtswehen endgültig überwunden zu haben. Die Revolution der Sozialisten ist mit viel Blutvergießen im Keime erstickt. Die Wirtschaft beginnt sich nach Gustav Stresemanns erfolgreichen Verhandlungen mit den Siegermächten um die Reparationszahlungen und ausländischen Kredite und dem Ende der Inflation wieder zu konsolidieren. Die kulturellen Energien des Landes treiben jetzt wilde Blüten. Später wird man in Deutschland von der zweiten Hälfte der zwanziger Jahre verklärend als den «goldenen» sprechen – das ist, bedenkt man die noch immer sehr hohe Arbeitslosigkeit in den Aufschwungjahren, der bare Zynismus. Aber das äußere Bild einer Epoche wird nicht von den Armen und Ärmsten, sondern vom Glimmer und Glitzern der Erfolgreichen geprägt. Und ein mitreißendes Tempo, eine sich überschlagende Hektik und entschlossene Zuversicht scheint zumindest die deutschen Großstädte, allen voran Berlin, ergriffen zu haben. Theater, Revuen, Kabaretts und Tanzdielen haben Hochkonjunktur. Die Zeit des Darbens ist jedenfalls für einen Teil der Bevölkerung vorüber – jetzt will der auch unterhalten sein, sich auf freizügige Weise amüsieren und die Widrigkeiten des Alltags im «quickstep» vergessen. Noch immer sind der Hang zur Restauration autoritärer Zustände und die Lust an der demokratischen Freiheit alles andere als versöhnt. Aber nichts ist für große und kleine Künstler schöner, als sich über die Ewiggestrigen lustig zu machen. Die gelockerten Maßstäbe staatlicher Unduldsamkeit tragen das Ihre dazu bei, daß die Künstler übermütig, bissig und scharfsinnig nach neuen Tabus Ausschau halten. Die neue Architektur, die bildende Kunst, vor allem auch das Theater feiern wahre Triumphe. Es sind, nach den Jahren der Depression, Zeiten, wie sie die Künstler lieben.

Der schnauzbärtige Gefreite in Landsberg ist überraschend schnell wieder aus seiner komfortablen Haft entlassen worden. Im Februar des Jahres 1925 formiert er die Schar seiner Unentwegten neu – nach dem provinziellen Debakel aber nicht nur innerhalb der Grenzen Münchens und Bayerns, sondern zielstrebig im ganzen Reich. Der sozialdemokratische Reichspräsident Friedrich Ebert, der auch so oft als Zielscheibe des Künstlerspotts herhalten mußte, stirbt in Berlin.

Verliebt in die Liebe, das Schreiben und das Lesen –
Klabund Mitte der zwanziger Jahre.

Berlin im Jazz- und Quickstep-Fieber – am Ende der «Goldenen zwanziger Jahre» zählte die Stadt zu den beliebtesten Vergnügungsmetropolen der Welt.

Sein Nachfolger wird im Mai 1925 Paul von Hindenburg, der Sieger von Tannenberg, ein Symbol der «Dolchstoßlegende». Wer eine sensible Witterung für den Zeitgeist hat, spürt, daß sich mit dieser Wahl bedenkliche Verschiebungen ankündigen. Aber die Fieberkurve des kulturellen Klimas zeigt um so steiler nach oben. Dem Dichter Alfred Henschke kommt das nur zustatten.

Während seine Freundin am Breslauer Theater erste Triumphe feiert, sieht er erwartungsvoll der Uraufführung des Stückes entgegen, das er schon vor der ersten Begegnung mit ihr im Frühjahr 1924 vollendet hat: «Der Kreidekreis». Gleich an drei deutschen Bühnen, in Meißen, Frankfurt und Hannover, hat es am Jahresbeginn 1925 Premiere. Der Erfolg kommt um so überraschender, als das Theater dieser Jahre mit viel Gewitterlärm und Experimentierfreude eigentlich in ganz andere Richtungen aufgebrochen war: der Naturalismus Gerhart Hauptmanns war inzwischen versteinert, der Expressionismus Sternheims und Kaisers so schnell wieder verglüht, wie er gekommen war. «Sic transit gloria expressionismi», hatte der Kritiker Alfred Kerr anläßlich der Berliner Uraufführung von Carl Zuckmayers «Fröhlichem Weinberg» geschrieben – nun sorgt der Dramatiker Bert Brecht für einen neuen, «neusachlichen» Ton. 1924 ist sein «Leben Eduards des Zweiten von England» an den Münchner Kammerspielen uraufgeführt worden. Das deutsche Theater wird von einer Welle einer neuen Anschaulichkeit und Gegenwärtigkeit ergriffen. Dagegen mußte der «Kreidekreis» eher märchenhaft verspielt und realitätsfern erscheinen. Aber offenbar trifft seine poetische Symbolik vom Sieg der lauteren Wahrheit über Lüge und Intrige einen Nerv der Zeit, ist es gerade der Kontrast zu den neuen unruhigen, politisch argumentierenden Stücken, der das Publikum – keineswegs immer die Kritik! – sogleich mitreißt. Eigentlich ist die Uraufführung für das Berliner Lessingtheater vorgesehen. Doch die Aufführung mit Elisabeth Bergner, der Initiatorin des Stückes, zerschlägt sich. Reinhardts Inszenierung folgt erst im Oktober des gleichen Jahres am «Deutschen Theater».

Klabund habe der chinesischen Vorlage eine eigene «lyrische und seelische Farbe» verliehen, jubelt die «Frankfurter Zeitung» nach der Frankfurter Premiere. Die Aufführung habe verdienten Beifall gefunden, auch wenn sich das soziale Pathos des Stückes – gemeint sind die milden klassenkämpferischen Erklärungen des Bruders, der zuerst gedemütigten und später in die prinzlichen Arme geschlossenen Haitang – etwas «plump in dem feingesponnenen Netz des Stückes» ausnehme. Dieser Erfolg ist ein Fanal. Über Nacht ist das triste Leben in Breslau, ist die Ablehnung durch Lokalpatrioten und die Zurücksetzung als Begleiter einer aparten Schauspielerin vergessen. Fürs erste sind auch die finanziellen Besorgnisse Alfred Henschkes zerstoben. Die Angst vor einer existentiellen Katastrophe macht einer neuen Zuversicht Platz. Sie beflügelt auch die Liebe des Paares. Schließlich strahlt auf Karoline Neher ein nicht unbeträchtlicher Teil dieses Erfolges ab. Im Herbst des gleichen Jahres wird sie Alfred Henschkes sehnlichsten Wunsch erfüllen und selbst als Haitang in Breslau auf der Bühne stehen.

Sphinx heiratet Dichter

Doch vorher nimmt das Geschick der beiden eine überraschende und bedrohliche Wendung. Mitten in ihrer unermüdlichen Theaterarbeit wird Karoline Neher 1925 von einer gefährlichen Erkrankung heimgesucht, die ungewohnterweise ihrem Geliebten die Rolle des «gesunden» Helfers zuweist. Sie erleidet eine Blutvergiftung und muß ein Breslauer Sanatorium mit Klinikbetrieb aufsuchen. Zweimal muß sie sich einer Operation unterziehen. Zweimal steht das Leben der Fünfundzwanzigjährigen auf des Messers Schneide. Das Leben und der jähe Tod von Henschkes erster Ehefrau ersteht vor seinen Augen. Er befürchtet das Schlimmste. Tag und Nacht wacht er an ihrem Bett. Aufopfernd versorgt er die Patientin. Alle Beschwernisse des unsteten Bühnenlebens sind mit einem Schlag vergessen, und die beiden sind sich so nahe wie nie zuvor. Aber Fürsorge und Besorgnis gehen schließlich auch über Henschkes Kräfte. Unversehens muß auch er sich wegen erneuter Lungenprobleme in das Sanatorium einweisen lassen. Jetzt sind sie beide gefährdet – doch aus der räumlichen und inneren Nähe erwächst spontan ein gemeinsamer Plan: sobald sie wieder zu Kräften gelangt sind, wollen die beiden heiraten. Im Mai ist es soweit. Karoline Neher, die sich als Schauspielerin inzwischen den eleganteren Vornamen Carola zugelegt hat, und Alfred Henschke, als Dichter KLABUND jetzt ein Prominenter der Weimarer Kulturszene, werden ein Ehepaar, von dem die deutschen Zeitungen und Zeitschriften nun häufig berichten. Der Dichter und seine Schauspielerin sind ganz nach dem Geschmack der neuen Zeit und ihrer Medien: nach außen sorglos und vom Erfolg verwöhnt, stehen sie im Scheinwerferlicht und beflügeln die Träume des Publikums von einer Romanze im Kunsthimmel. Nennen auch wir die beiden von nun an nur noch mit ihren selbstgewählten Künstlernamen, unter denen sie im Deutschland der Weimarer Republik ein Begriff geworden sind.

«Mit gemischten Gefühlen» sei er in seine zweite Ehe gegangen, wird Klabund später sagen. Die Entbehrungen im Zusammenleben mit einer fast allabendlich auf der Bühne stehenden Schauspielerin kennt er zur Genüge. Auch die Braut dürfte einige Befürchtungen gehegt haben – besonders über die gesundheitliche Konstitution ihres Mannes. Doch im Gegensatz zu diesem, der die Gefährdung seiner zweiten Frau zutiefst fürchtet, auch wenn er sich das nicht eingesteht, weiß sie um die eigene Stärke. Sie kann sich auf ihre Vitalität verlassen, die sie den Sprung ins Ungewisse mit dem Kitzel des Abenteuers erleben läßt. Die Verbindung der beiden so verschiedenen, aber durch die gemeinsame Liebe zur Kunst und die Ablehnung bürgerlicher «Normalität» gleichermaßen beflügelten Einzelgänger beruht allein auf Gefühl und Emphase. Rationale Berechnung hat darin keinen Platz. Ohne den bahnbrechenden Erfolg des «Kreidekreises» wäre die Ehe vielleicht nicht zustande gekommen. Zwei Jahre später hat Klabund den leichtsinnigen Entschluß zu diesem «ewigen Bund» in einer längeren Erzählung, nur gering verklausuliert, von allen Seiten beleuchtet. Eine «Silberfüchsin» nennt er darin die Ehefrau, in Anspielung auf die angebliche Neigung der Silberfuchsweibchen, «dem treulosen Silberfuchsmännchen die Kehle zu durchbeißen», wenn Gefahr heraufzieht. Die Geschichte, in vier Fortsetzungen der Zeitschrift «Sport im Bild. Das Blatt der guten Gesellschaft» veröffentlicht, ist – wie fast alle Dichtungen Klabunds – eine nur geringfügig verfremdete Rollenprosa: aus der Perspektive der Frau werden die Liebe und ihre Gefahren, die Hoffnungen und Bedenken eines Ehepaares, in knappen Dialogen vorgeführt. Kein anderer Prosatext des Dichters ist von so schonungsloser Selbstkritik und biographischer Genauigkeit wie diese Erzählung. Von der Zeitungsredaktion einigermaßen willkürlich mit seltsam unpassenden Zeichnungen von Orlik bis Picasso illustriert, sorgt sie bei den Lesern für einige Spannung: der Text bietet vielerlei Anlaß zu Literaten- und Gesellschaftsklatsch. Was uns an authentischen Dokumenten über das tägliche und nächtliche Zusammensein des Paares fehlt – in der «Silberfüchsin» (einer Geschichte, die Klabund in keines seiner Bücher aufgenommen hat) treten die gegenseitige Attraktion des Ehepaares ebenso wie ihre explosiven Konflikte offen zutage. Nicht mehr die Laune der Verliebten tritt uns hier entgegen. Der Aufenthalt im Hotel von Breslau hat bereits heftige Wunden hinterlassen. Der Zusammenprall des ganz seinen spontanen Empfindungen folgenden Traumwandlers der Liebe mit einer kapriziösen, sich ihrer Macht über die Männer nur allzu bewußten, ehrgeizigen (Schau-)Spielerin reißt Himmel und Hölle, höchste Glückseligkeiten und tiefste Abgründe auf. In einem langen Brief kommt in der Erzählung der Ehemann «Lukas» zu Wort. Er schreit sich seine Verzweiflung, aber auch seine Verzückung aus der Seele: «Wie die Biene aus allen Blumen Honig, so saugst Du aus allen Begebenheiten Gift ... War ich eben noch der liebste Mensch von der Welt, so bin ich plötzlich der abscheulichste. Bin ich eben noch ein Mensch, dessen Leib Du wie seine Seele liebst, so bin ich im nächsten Moment ein Hund, vor dem es Dir ekelt und vor dem Du ausspuckst ... Ich bin einem Menschen wie Dir noch nie begegnet: im Guten nicht und nicht im Sonderbaren ... Während Du selbst wie eine Majestät und Göttin behandelt werden willst, behandelst Du Deinerseits unsereinen wie einen Sklaven oder Verbrecher ... Während Du selbst die größte Rücksichtnahme verlangst, bist Du selbst rücksichtslos im hohen Maße ... Dein Jähzorn, Deine seelische Disziplin- und Zuchtlosigkeit sind gewiß ein schreckliches Erbteil, das Dir Dein Vater überlassen ... Du hast von Gott eine große Macht und Kraft mitbekommen, Menschen zu bezaubern und zu entzücken. Willst Du, daß dieser Zauber dauernde Kraft gewinne und nicht wie ein Feuerwerk verpuffe, dann muß dieser Zauber der seelischen und leiblichen Anmut durch eine ethische Grundeinstellung zum Leben befestigt und vertieft werden.» Die Empfängerin des Briefes weiß, daß er ihr Porträt enthüllt. «So bin ich!» Und mehr noch: «...nicht nur in der Liebe bin ich tyrannisch. Auch in meiner Kunst.»

Das Motiv der «Silberfüchsin», einen zornigen Lukas zu heiraten, war auch das Motiv des Dichters Klabund für die Eheschließung mit Carola Neher: «Die Ehe erst wird mir den wahren Frieden geben.» Und mit zwei Sätzen formuliert die «Silberfüchsin» auch, wie der Autor sich selbst gesehen haben möchte: «Wie schön sind seine Gedanken! Wie schön sind seine Blumen!» – womit vor allem seine Gedichte gemeint waren. Als Verfasser von Liebesgedichten hat Klabund es inzwischen zu einiger Meisterschaft gebracht. Seinen Geliebten hat er unzählige lyrische Blumensträuße gebunden. Wenn eine Affäre zu Ende ging, hat er sich mit lyrischen Versöhnungsformeln von galantem Takt verabschiedet. Sein vielleicht schönstes, bewegend-ehrliches Liebesgedicht, das auch Kurt Tucholsky als Klabunds bewegendstes empfand, gilt seiner zweiten Ehefrau Carola:

> Dein Mund, der schön geschweifte,
> Dein Lächeln, das mich streifte,
> Dein Blick, der mich umarmte,
> Dein Schoß, der mich erwarmte,
> Dein Arm, der mich umschlungen,
> Dein Wort, das mich umsungen,
> Dein Haar, darein ich tauchte,
> Dein Atem, der mich hauchte,
> Dein Herz, das wilde Fohlen,

Die Seele unverhohlen,
Die Füße, welche liefen,
Als meine Lippen riefen –:
Gehört wohl mir,
Ist alles meins,
Wüßt' nicht, was mir das liebste wär',
Und gäb' nicht Höll' noch Himmel her:
Eines und alles, all und eins.

Die scheinbar schlichten, beinahe volksliedhaften Verse feiern des Dichters Verzauberung und Entrückung. Nach Art der Barocklyrik zählt er die einzelnen Attribute seines Entzückens auf und versieht sie mit sanften Verzierungen. Vom Mund bis zu den Füßen gleitet der liebende Blick abwärts. In dreizehn vor Liebe glühenden Zeilen steigert sich die Ekstase, bis der selige Seufzer «alles meins» die Entspannung einleitet. Das Tempo der Verse steigert sich förmlich im Liebesrausch – bis die Feier des Besitzes in der viertletzten Zeile die «Unio mystica» mit der Geliebten einleitet. Das Gedicht scheint ganz den vom Liebesglück verzauberten Dichter zu verraten. Und doch belegt in der dreizehnten Zeile ein einziges Wort, daß der Glückstaumel auch eine Kehrseite haben könnte, daß sich hinter der Liebesgewißheit ein bedrohliches Fragezeichen auftut: «Gehört w o h l mir». Das kleine Wort *wohl* deutet einen Zweifel an. Die Liebe des Dichters ist grenzenlos – aber ist es auch die seiner Angebeteten?

Am 13. Mai 1925 berichtet Karoline Neher an Frau Poeschel in Davos, daß es ihr endlich wieder bessergehe und sie mit ihrem Geliebten demnächst wieder nach Davos kommen werde: «Sehen Sie doch zu, daß wir die beiden oberen Zimmer bekommen, wir sind doch so gerne allein.» Von der Eheschließung erwähnt sie nichts, aber so deutliche Hinweise auf die liebende Gemeinschaft werden in den späteren Briefen kaum noch ohne einen ironisch-koketten Zusatz auftauchen.

Der Besitzerstolz des zum zweiten Male verheirateten

Dichters ist gewaltig, und die überwältigende Freude über die Überwindung von Carolas bedrohlicher Erkrankung beflügelt ihn. An Hermann Hesse, den er seit den Tagen, die sie beide mit der jungen «Irene» im Tessin verbracht haben, freundschaftlich verehrt, schickt er ein Foto seiner neuen Frau. Der Begleitbrief klingt beschwingt und glücklich – aber wieder einmal verraten ein paar ironische, aber unmißverständliche Worte, die die jüngsten Breslauer Erfahrungen anklingen lassen, daß unter dem Glück ein Abgrund lauert: «Anbei muß ich Ihnen, eitel wie ich bin, einmal meine Frau vorstellen. Wie gefällt sie Ihnen. Sie ist so schön, so klug, so genial, daß sie, in ihrem Jargon gesprochen, mich völlig an die Wand gespielt hat und Sie von mir nicht mehr viel übrig finden werden. Einmal kommt ja die Frau, die uns unbewußt an allen anderen Frauen rächt und die uns radikal frißt. Mit Haut und Haaren, Leib und Seele. Auch nicht ein Seelenzipfelchen bleibt unverspeist. Denn die gesunde Sphinx hat einen guten Appetit. In dem angenehmen Zustand des Gefressenwerdens befindet sich momentan der ergebenst Unterzeichnete».

Die Sphinx hat nach dem gemeinsamen Sanatoriumsaufenthalt zu ihrer robusten Gesundheit und zur Bühne zurückgefunden. Anders steht es mit dem Dichter. Längst haben sich wieder die bedrohlichen Merkmale seiner Krankheit gemeldet, und kurz nach der Heirat ist eine erneute Reise nach Davos – nach einem Umweg über Lugano – nicht mehr aufzuschieben. Von solchen Augenblicken der nur sich selbst eingestandenen Konfrontation mit der nahen Zukunft sprechen Verse wie diese:

> Man liest zu Hause meine Bücher,
> Und mancher freut sich meiner Schrift.
> Mich decken schon die schwarzen Tücher,
> Und meine Lippen speien Gift.

So findet sich der zum zweiten Mal verheiratete Klabund statt in den Flitterwochen erst einmal auf den Davoser Liegeterrassen wieder. Die Erkrankung ist in Anbetracht der rücksichtslosen Vernachlässigung aller Vernunft inzwischen beharrlich fortgeschritten. Vielleicht stünde es um Klabund besser, wenn er, statt in Deutschland für Aufträge zu sorgen, unaufhörlich zu schreiben und unruhig umherzureisen, so lange in Davos geblieben wäre, bis sich sein Zustand zumindest gebessert hätte. Aber wer vermag sich einen ausschließlich seiner Gesundheit lebenden Dichter Klabund vorzustellen?

Jetzt, nachdem «Der Kreidekreis» seinen Weg über die deutschen Bühnen so erfolgreich begonnen hat, fehlt es jedenfalls nicht mehr am nötigen Geld. Carola Neher spielt in Breslau Rolle um Rolle, Henschke arbeitet, meist auf der Terrasse liegend, in Davos. Der dortige Lungenarzt hält, unter der Bedingung, daß der Patient nun eisern Ruhe in der trockenen Höhenluft wahrt, einen Stillstand der Krankheit noch immer für möglich. Die Tuberkulose hat sich an den Oberlappen der beiden Lungenflügel lokalisiert. Mit viel Glück könnte es erst einmal dabei bleiben.

Aber Klabund leidet schwer unter der Trennung, schreibt (leider nicht erhaltene) Briefe nach Breslau und empfindet zunehmend Besorgnis wegen Carolas auch nach der Heirat keineswegs gedämpfter Lust am Flirt. Offenbar besteht sogar auf beiden Seiten eine gewisse Eifersucht. Auch der lungenkranke Ehemann betrachtet seine Mitpatientinnen oft mit Wohlgefallen, wie schon während seiner ersten großen Liebe mit «Irene». Aber kühnere Abenteuer beeinträchtigen seine Gesundheit denn doch. So neigt sich die Waage der Gemeinsamkeit weiter zu seinen Ungunsten. Seine Bescheidenheit, seine Zurückhaltung im Aussprechen seiner Beschwernisse, aber vor allem auch Carolas Theaterverpflichtung und -lust lassen keine Alternative zu den quälenden Pausen des Ehelebens zu. Beide Partner überspielen die Todesnähe des Dichters auf ihre Weise: Sie stürzt sich in die Hektik des Bühnenlebens, er stürzt sich mit nie nachlassender Kraft in das Schreiben – und träumt dabei nur von seiner Carola.

Im Sommer besucht die nach einer harten Bühnensaison erschöpfte Carola Neher ihren Mann zum ersten Mal in seinem zweiten – beinahe schon: ersten – Zuhause. Für sie ist das landschaftlich so reizvolle und gesellschaftlich so amüsante Davos ein zauberhafter Ort der Entspannung, der das graue Breslau schnell vergessen läßt. So kommt sie den Bitten ihres Mannes nur allzu gerne nach, ihn wie einen Gesunden zu behandeln. Sie macht sich über sein ständiges Gehüstel lustig. Gelegentlich kommt es auch wieder zu heftigen Szenen zwischen den beiden. Als sie im Ort auf den Schauspieler Alexander Moissi trifft, der in Davos einige Urlaubswochen verbringt, läßt sie ihm gegenüber sogleich ihre Reize spielen. Schließlich ist ein Flirt auch vorteilhaft für die Karriere. Guido von Kaulla weiß zu berichten, daß der verzweifelte Klabund nach einer bitteren Szene einmal ohne jede Rücksicht auf seine Gesundheit ins Gebirge lief, um seiner Nerven wieder Herr zu werden. Aber nach jedem Krach folgt eine leidenschaftliche Versöhnung, und man kann, bei aller Koketterie der umworbenen Schauspielerin, nicht unterstellen, daß sie ihren Gatten nicht auf die ihr gemäße Weise liebt. Doch ihre Lust am Spiel, wohl auch ihre gelegentliche Lust an männlicher Unterwerfung und nicht zuletzt die leichtlebig erscheinende, in Wahrheit vom Tod umstellte Atmosphäre des schönen Schweizer Kurorts, vielleicht auch einfach die vergnügungssüchtige neue Zeit, lassen sie immer wieder das Risiko suchen. Klaus Mann, der Klabund in Berlin verschiedentlich begegnet ist, erzählt in seiner Autobiographie «Der Wendepunkt»: «Mit Carola Neher ihn zu beobachten, war beinahe beunruhigend, so sehr liebte er sie. Ich vergesse nie den werbenden, gedämpften, zarten Ton, den seine Stimme, sprach er zu ihr, hatte. Ich weiß noch, daß ich mit den beiden zusammen war in einer kleinen Münchner Bar, die Neher hatte vorher irgendeine Posse gespielt. Sie war kapriziös und mochte nicht essen, ich sehe Klabund, als sei es heute, wie er sich zu ihr neigte und besorgt scherzte: ‹Ich als dein Manager muß unbedingt darauf bestehen, daß du eine Kleinigkeit nimmst.› Ich glaube, sie bestellte trotzdem nichts.»

«Leuchte ihr, leuchte mir»

Der Herbst des Jahres 1925 sieht das Ehepaar erneut im ungeliebten, Klabunds Lunge alles andere als zuträglichen Breslau. Wieder spielt Carola eine Hauptrolle nach der anderen, während Klabund schreibt – und auf seine Frau wartet. «Ich lebe», schreibt er im November an Hermann Hesse, «vom Schicksal hierher verweht, noch immer in Breslau, dem ‹Bollwerk des Ostens›, einem feuchten, unfreundlichen Ort im preußischen Sibirien. Wie oft sehne ich mich nach dem warmen, zärtlichen Tessin.» An die Mutter seiner ersten Frau «Irene», der er in regem Briefwechsel und durch gelegentliche Besuche verbunden bleibt, schreibt er, daß ihm die Stadt «ganz beträchtlich auf die Nerven» falle. Er könne «manchmal kaum noch atmen». Er verschweigt ihr aber auch nicht, daß «die Berufshysterie der Schauspielerin» seiner Ehe abträglich ist.

Während Klabund mit der Stadt Carola zuliebe weiterhin seine Mühe und Not hat, entwickelt sich diese immer mehr zum Publikumsliebling des Lobe-Theaters. Im September spielt sie endlich auch die Haitang im «Kreidekreis». Sie wird diese Rolle noch oft mit großem Erfolg spielen. Die Breslauer Kritik lobt sie in den höchsten Tönen, was dem Ehepaar um so mehr behagt, als der Kritiker Alfred Polgar die Darstellung Elisabeth Bergners in Berlin etwas einschränkend beurteilt hatte: sie verharre zu sehr auf ein und demselben Ton, «es klingt wie das Wimmern eines Kätzchens, das in den Brunnen gefallen ist». Dennoch attestiert Polgar der Bergner, daß sie in der Rolle «sehr rührend» gewesen sei. Dagegen hatte die Breslauer Zeitung über Carola

106

Ob in klassischen Rollen oder in Boulevardstücken – die schöne, junge Carola Neher bezauberte 1925 das Publikum des Breslauer Lobe-Theaters, in dem viele große Karrieren begannen.

Nehers Darbietung nur Zustimmendes geäußert: «Wie als heilige Johanna ergreift sie wieder durch Zartheit und Reinheit des Umrisses, durch die innige Versunkenheit der seelischen Bewegung. Sie sieht bezaubernd aus. Wunderschön, auch körperlich zwingend, ihre Stille, ihre Verhaltenheit, die in sich gekehrte Stummheit ...» Das Lob läßt erkennen, daß der Kritiker den ganz und gar neuen, gegenüber der Bergner herberen und gewiß auch kühleren Ton der jungen Schauspielerin zu schätzen weiß. Ihr nun immer unverwechselbarer, eigenwilliger Stil entwickelt eine verstörende Modernität, woran die «gläserne» Stimme ihren besonderen Anteil hat. Noch gehört sie nicht zur ersten Garde deutscher Schauspielerinnen – aber sie ist auf dem Weg dorthin.

Während der Aufführungen wartet Klabund ungeduldig auf die Rückkehr seiner Frau. Einmal läßt er ihr in seiner Verzweiflung einen Brief hinter die Bühne bringen: «Drei Stunden warte ich schon auf Dich. Es ist kalt wie im späten Herbst. Auf der Dominsel fiel schon das Laub von den Kastanien. O lieber Stern! Wann erscheinst, wann scheinst Du? Ich gehe am Lobe-Theater vorbei. Die Vorstellung ist erst um 11 Uhr aus. Und es ist erst halb zehn Uhr. Noch immer eine Stunde. Welches Kleid wirst Du anhaben? Das schwarze, englische Jackenkleid? Oder über dem braunseidenen das Abendcape? Soll ich morgen abfahren? In medias res, das heißt mit dem Auto nach Italien? Du bist der einzige Lichtblick in dieser tristen Einöde, Mitteleuropa genannt. Leuchte ihr, leuchte mir weiter! Komm! Komm bald! Ich bin schon beim fünften Tee mit Rum und beginne eben mit einer Serie Grogs. Ich liebe. Ich liebe Dich. Ich liebe Dich.»

Während sich der Dichter seine Tage und Nächte in Breslau um die Ohren schlagen muß und an seiner Gesundheit sündigt, läuft sein «Kreidekreis» über die wichtigsten deutschen Bühnen und selbst über die der entlegensten Provinz.

Dabei waren die Kritiken der Berliner Aufführung dem Stück gegenüber durchaus zwiespältig. Einige Einwände waren sogar so heftig, daß sich der Dichter bemüßigt fühlt, in der Zeitung «Die literarische Welt» mit aller Schärfe über die Berliner Kritiker herzuziehen: «...die rezensierenden Zeitgenossen verstehen vom Theater so viel wie die zeitgenössischen Rezensenten. In mindestens fünfzig von hundert Fällen können sie die Aufführung nicht vom Stück, die Regieleistung nicht von der Dichtung, die schauspielerische Leistung nicht von der Regie unterscheiden.» Der Tonfall des Artikels ist gereizt. «Ich wundere mich, in Berlin folgende Kritik NICHT zu lesen: Reinhardt als Haitang gewann im Sturm die Herzen des Publikums, das sich von der Dichtung C. F. Nehers weniger befriedigt zeigte.» Was wie ein bissiger Scherz erscheint, verrät nur Klabunds Bemühen, bei jeder sich bietenden Gelegenheit stolz auf seine Frau und deren schauspielerisches Talent hinzuweisen. Ihr gegenüber ist er es gewohnt und mittlerweile auch bereit, in den Hintergrund zu treten. Weniger aus resignativer Verletzlichkeit als aus seiner natürlichen Bescheidenheit. In all seinen Artikeln und in der uns hinterlassenen Korrespondenz fällt, solange er nicht auf Angriffe und Beleidigungen eingehen muß, diese Bescheidenheit ins Auge. Wo Carola Neher unbedenklich und augenzwinkernd auf sich aufmerksam macht, tritt Klabund lieber zurück. Einmal versteckt er sich für eine Breslauer Zeitung hinter dem Pseudonym «Gerhart Berg», um rückhaltlos seine Frau als große Schauspielerin besingen zu können: «In der Rolle der Johanna verkörpert Carola Neher visionäre Tatkraft und selige Frechheit, ungebrochenen Freiheitssinn und gläubige Lust. Johannas naturhaftes Selbstbewußtsein ist auch ihr eigenes.» Nicht der ungelenke Versuch, für seine Frau Reklame zu machen, ruft solche Worte hervor. Der Dichter verklärt in Carola Neher nicht allein die Schauspielerin, sondern mit ihr das «gesunde» Leben schlechthin. Seine zunehmende Abhängigkeit von ihr ist die Abhängig-

«Ich lebe ... noch immer in Breslau, dem Bollwerk des Ostens, einem feuchten, unfreundlichen Ort im preußischen Sibirien», schrieb Klabund 1925 an Hermann Hesse.

keit eines langsam Ertrinkenden. Er selbst weiß um seinen Zustand, spürt die immer näher rückende Todesgefahr, auch wenn er darüber nicht spricht. Er hatte sich ja früh geschworen: «Der Teufel soll mich frikassieren, wenn sie [die Krankheit, M. W.] je Einfluß auf die andere Seite, auf mein wirkliches Leben gewinnen sollte.» Aber als im Dezember des gleichen Jahres ein Freund von ihm, der Bildhauer Philipp Modrow, in Davos an Lungentuberkulose stirbt, formuliert Klabund in seiner Totenrede den Satz, der auch ihn selbst meint: «Wir sind ein Volk, ein eigenes Volk, wir Kranken. Mit eigenen Gesetzen, eigenen Rechten und Pflichten.»

So zurückhaltend, ja verschlossen, Klabund mit seiner Gefährdung umgeht, sosehr er gegenüber seiner lebenshungrigen Frau zu Rücksicht und Altruismus entschlossen ist – wenn es um Fragen der Moral oder der Humanität geht, ist Klabund nach wie vor zu keinen Konzessionen bereit. Dann wird der mutige und unerschrockene Charakter in diesem Dichter sichtbar, der seit seiner politischen Wende im Ersten Weltkrieg seine Stimme lautstark gegen jede Form von Unmenschlichkeit erhebt. Es ist bekannt, daß Klabund selbst in Zeiten eigener Not Bedürftigen finanziell half. Und beherzt tritt er auch im zweiten Jahr seines Breslau-Aufenthaltes der «Nationalsozialistischen Freiheitspartei» in der «Weltbühne» entgegen. Diese Vorläuferpartei der späteren NSDAP hatte sich über ein blasphemisches, aber dabei höchst harmloses Gedicht von Klabund, «Die heiligen drei Könige», ereifert, weil darin religiöse Gefühle verletzt worden seien (das Gedicht macht sich im Stil des Kabaretts über den Brauch des Umherziehens von jungen Burschen lustig, die mit ruppigen Drei-Königs-Versen Bier und Schnaps schnorren). «Ich kann in dem fraglichen Gedicht weit und breit keine Gotteslästerung finden, dagegen finde ich bei Ihnen, die sich so gern als Deutscheste der Deutschen bezeichnen, eine geradezu hanebüchene Unkenntnis deutscher Volksbräuche.» Und er fügt in einer «Nachschrift» hinzu: «Mein Großvater hat als Erzieher des ehemaligen Kaisers sein Bestes dazu beigetragen, daß wir den Krieg verloren, aber statt dessen die Nationalsozialistische Freiheitspartei gewonnen haben. Das nächste Mal wird es uns hoffentlich umgekehrt gehen.»

Der fromme Wunsch belegt nicht nur Klabunds lautere Gesinnung, sondern auch seine Arglosigkeit im Umgang mit der Politik. Die vielgerühmten «Goldenen Jahre», mit denen die vier Jahre zwischen 1925 und der Weltwirtschaftskrise von 1929 mehr schmeichelhaft als zutreffend bezeichnet werden, sind ja nur an ihrer Oberfläche eine Epoche neu erwachten kulturellen Glanzes und ungestümer Lebensfreude. Mit unaufhaltsamer Dynamik ziehen von rechts und links die ideologischen Gewitterstürme herauf, taumelt die politisch alles andere als gereifte Republik ihrem Untergang entgegen. Klabund empfindet sich nicht als Oppositioneller, sondern als liberaler Bürger, er registriert die Bewegungen auf der Linken eher beiläufig. Die unverbesserlichen Nachfahren des Wilhelminismus im Staate regen um so mehr seinen Spott, gelegentlich auch seine Empörung an. Seine lange «Ballade des Vergessens», eine seiner eindringlichsten politischen Mahnungen, wendet sich sehr allgemein gegen den Militarismus und beschwört die Gefahr eines erneuten Krieges:

> Der neue Krieg kommt anders daher
> Als ihr ihn euch geträumt noch.
> Er kommt nicht mit Säbel und Gewehr,
> Zu heldischer Geste gebäumt noch:
> Er kommt mit Gift und Gasen geballt,
> Gebraut in des Teufels Essen.
> Ihr werdet, ihr werdet ihn nicht so bald
> Vergessen, vergessen, vergessen.

Die Ballade, die aus insgesamt vierzehn Strophen besteht und den Refrain vom Vergessen mit wirkungsvoller Eindringlichkeit einsetzt, artikuliert die Ängste vor einer neuen

Katastrophe mit seherischem Blick – gerade weil sie es bei düsteren Szenarien beläßt und nicht einseitig zu agitieren versucht, hatte sie ihre erhebliche Wirkung auch in der bürgerlichen Mitte. Mit ähnlichem Furor wendet sich das suggestive und lapidare Gedicht «Pogrom» gegen den Antisemitismus:

> Am Sonntag fällt ein kleines Wort im Dom,
> Am Montag rollt es wachsend durch die Gasse,
> Am Dienstag spricht man schon vom Rassenhasse,
> Am Mittwoch rauscht und raschelt es: Pogrom
>
> Am Donnerstag weiß man es ganz bestimmt:
> Die Juden sind an Rußland's Elend schuldig!
> Wir waren nur bis dato zu geduldig.
> (Worauf man einige Schlucke Wodka nimmt ...)
>
> Der Freitag bringt die rituelle Leiche,
> Man stößt den Juden Flüche in die Rippen
> Mit festen Messern, daß sie rückwärts kippen.
> Die Frauen wirft man in diverse Teiche.
>
> Am Samstag liest man in der «guten» Presse:
> Die kleine Rauferei sei schon behoben,
> Man müsse Gott und die Regierung loben ...
> (Denn andernfalls kriegt man eins in die Fresse.)

Klabund verweist in seiner Empörung über den Antisemitismus auf russische, nicht auf deutsche Verhältnisse. Zwar hat er, der Freund vieler jüdischer Zeitgenossen, voller Abscheu registriert, daß dieses Gift auch im Deutschland der Weimarer Republik seine nachhaltige Wirkung entfaltet. In seiner «Geschichte der Weltliteratur in einer Stunde» meint er in einem Kapitel «Juden und Christen»: «Unsere heutigen Antisemiten und Judenfresser, die altdeutschen Bramarbasse, wissen garnicht, wie sehr sie gerade ... Juden sind.» Christus habe «Jahwe, dem Gott der Rache, den Garaus gemacht, indem er auf indische Vorstellungen von der Menschenliebe zurückgegriffen habe, aber die Antisemiten hätten daraus

113

noch immer nichts gelernt. Allzu konkrete Einmischungen in das tägliche politische Geschehen meidet Klabund. Das unterscheidet ihn von den meisten anderen seiner Dichter- und Brettl-Freunde. Klabund hat nicht den überscharfen Blick Walter Mehrings, der mit stoischer Wachsamkeit und zunehmender Verzweiflung die Unterhöhlung der Demokratie und den Antisemitismus an sehr genauen Beobachtungen seiner Umwelt festmacht. Klabund zählt, trotz seiner bissigen Arbeiten für das Kabarett, nicht zum Kreis der politischen Kritiker um Tucholsky und von Ossietzky. Er hält zu ihnen freundliche Distanz wie diese zu ihm. «Eine furchtbare Politisierung der Kunst» habe sich nach dem Ersten Weltkrieg in Deutschland ausgebreitet, meint er in seiner «Weltgeschichte der Literatur in einer Stunde». «Nicht nur die Kritiker, auch die Dichter selbst, machten Gesinnung, nicht Gestaltung, zum Wertmesser einer Dichtung» – solche Pauschalierungen passen nicht in die Landschaft seiner Dichterfreunde. Sie verweisen ihn auf ein Terrain, das nicht das seine ist, von dem er sich aber weit weniger deutlich als diese abgegrenzt hat: die Gedankenwelt der Restauration. Klabund ist und bleibt, schon wegen seiner Krankheit, der Außenseiter zwischen den Stühlen, dem es zuerst um die Liebe und das Schreiben, vor allem auch um seinen Hunger nach Leben geht. Dafür erreicht er ein großes Publikum jenseits politischer Gruppierungen. Die Rechte kann ihn nicht leiden, aber die Nationalsozialisten werden nach der Machtübernahme seine Bücher keineswegs auf den Index setzen. Klabund gehörte nie zu den «Verbrannten Dichtern», wie gelegentlich behauptet wurde. Auch während des «Dritten Reiches» wird man in Deutschland von und über Klabund lesen können. Ein Schauspielführer des Jahres 1934 «durch den Theaterspielplan der neueren Zeit» aus der Feder eines Dr. Rudolf Krauß, der die «politische Umwälzung des Jahres 1933, die ja zugleich eine kulturelle war», hervorhebt, befaßt sich ausführlich mit Klabunds Werk und lobt besonders den

«Zug des Phantastischen» im «Kreidekreis». Jüdische und «linke» Autoren der Weimarer Republik waren zu diesem Zeitpunkt aus solchen Nachschlagewerken längst getilgt – die Werke Klabunds waren dem NS-Staat zwar alles andere als sympathisch, aber die braunen Zensoren konnten mit ihnen offenbar leben. Daß viele Bücher Klabunds dennoch weitgehend aus den deutschen Buchhandlungen verschwanden, beruht vor allem auf dem Umstand, daß einige von ihnen im Wiener Phaidon-Verlag erschienen waren, der sich in jüdischem Besitz befand. Als der Verlag 1938 von Wien nach London emigrierte, lieferte er von dort aus auch die mit nach London transportierten (und mit einem neuen Impressum überklebten) Klabund-Titel aus – so konnten sie wenigstens im Ausland gekauft werden.

Frankfurt, Zeesen, Berlin

Das Jahr 1926, das Klabund endlich Entlastung von seinen materiellen Nöten und Carola Neher die Eroberung der Metropole Berlin bringen sollte, scheint nach außen das Ende der bitteren Nachkriegszeit zu markieren. Die Inflation ist überstanden, doch an den demokratischen Fassaden bohren die Feinde aus dem Untergrund mit beharrlich wachsendem Erfolg. Der Gefreite aus Braunau am Inn, dessen schriftstellerisch so produktive und alles andere als unbequeme Festungszeit nicht länger als ein Jahr gedauert hatte, hat seinen Einfluß inzwischen wieder befestigt und weit über Bayerns Grenzen hinaus erweitert. Im Juli findet ausgerechnet in Weimar der erste Reichsparteitag der NSDAP seit ihrer Neugründung statt. Im gleichen Jahr wird Joseph Goebbels nationalsozialistischer «Gauleiter» von Berlin, wird eine «Hitler-Jugend» gegründet – die Unterhöhlung der Republik durch eine verbrecherische Macht vollzieht sich so verhängnisvoll folgerichtig, wie Max Frisch es später in seiner Bühnenparabel «Herr Biedermann und die Brandstifter» beschreiben wird.

Ein kurzer Blick auf die Vorgänge in Rußland ist in diesem Jahr nicht ohne Belang, denn was dort geschieht, wird noch Carola Neher treffen. Im Februar wendet sich Josef Stalin vehement gegen seinen Konkurrenten Trotzki und malt mit strategischer Finesse die Gefahr einer «neuen Opposition» an die Wand. Der blutige Machtkampf, den Stalin wenig später für sich entscheidet, wird bald seine ersten Opfer fordern und jene Verhältnisse im sozialistischen Rußland heraufbeschwören, die sich an Grausamkeit, Rechtlosigkeit und Men-

schenverachtung mit dem blutigen Terror der Nationalsozialisten messen können.

Aber noch sind wir mitten in den «goldenen» Jahren und
noch ist das Glück dem jungverheirateten Dichter und seiner kapriziösen, ehrgeizigen Ehefrau, trotz wachsender in-
terner Querelen, sehr gewogen. Carola Neher gelingt 1926
der Sprung auf die Bühnen größerer Städte. Der Abschied
von Breslau, von Klabund sehnsüchtig herbeigesehnt, erfolgt
am Ende der Spielzeit 1925/1926. Vor Berlin liegt nur noch
eine kurze Zwischenstation in Frankfurt am Main.

Nach Frankfurt wird Carola Neher zwar wegen ihrer ersten, weithin beachteten Erfolge in Breslau engagiert – aber
das Stück, in dem sie die Hauptrolle übernimmt, entstammt
der Feder ihres Mannes, und der dürfte an diesem Engagement seiner Frau einigen Anteil gehabt haben. Denkbar ist
sogar, daß er die Uraufführung von «Brennende Erde» nur in
Verbindung mit diesem Engagement nach Frankfurt geben
wollte. Schließlich kann er sich nach seinem vielumjubelten
«Kreidekreis» die Angebote aussuchen. Irgendwie ist Carolas
Naturell auch in das neue «Weihespiel» verwoben: die Rolle
der verführerisch schönen Marusja, die nach herben Marty-
rien durch bolschewistische Horden als Heilige und Verzei-
hende in den Himmel entweicht, verrät manche ihrer Züge:
«Die Erde dreht sich um die Sonne und ich dreh' mich um
mich selbst», heißt es darin. Auch ihre notorische Treulosig-
keit klingt in dieser Marusja an. Das Stück spricht auch von
der Eifersucht eines triebhaften Verehrers: «Ich bin erwacht
in weißer Nacht, der weiße Mond, der weiße Schnee, und
habe sanft an dich gedacht, du Höllenkind, du Himmelsfee.»
Zu den Kritikern gehört auch Ludwig Marcuse. Das naive
Kind in dieser Marusja habe die Schauspielerin sehr viel besser verkörpern können als die himmlische Heilige, meint er
hinterher: «sie ist zu sehr greifbare Natur, zu wenig fernes
Paradies» – genauer hätte er die Wirkung Carola Nehers auf
die Männer kaum ausdrücken können.

Aber der Aufenthalt in Frankfurt hinterläßt bei dem Ehepaar unterschiedliche Erinnerungen. Wieder steht Carola Neher mehr im Scheinwerferlicht als ihr Ehemann, dessen Stück eher abfällig aufgenommen wird. Daß die Aufführung überhaupt reüssiert, ist nicht dem Autor, sondern der Hauptdarstellerin zu verdanken. Mit der für sie typischen, frechen Ironie berichtet sie an das Ehepaar Poeschel in Davos, den Inhabern der Pension Stolzenfels: «... es war doll, Frankfurt für mich ein herrlicher Erfolg.» Dann fügt sie noch, als wollte sie ihrem Mann «en passant» einen Hieb versetzen, hinzu: «...es gibt so wenige nette Männer, ich habe wieder eine Unmenge kennengelernt, aber nichts besonderes. Klabund erscheint mir momentan noch immer der beste. Die Liebe blüht (so halb und halb)! Trennungsversuche nur noch alle acht Tage! Großer Fortschritt!» Kurz zuvor hieß es in einem anderen Brief noch deutlicher: «...ich bin eine undelikate Frau. C'est ça.»

Nach dem Zwischenspiel am Main reist das Ehepaar endlich in die Hauptstadt und quartiert sich in einem Hotel ein. Carola Neher, das Mädchen aus Nymphenburg, hat es dank ihrer Zähigkeit, ihrem Talent und ihrem attraktiven Äußeren geschafft: von den Zweit- und Dritt-Rollen in Baden-Baden und München bis zu ihrem ersten Auftritt in Berlin hat sie eine schnelle, steile Karriereleiter erklommen. An der Seite eines weithin bekannten Dichters, dessen Verse und Stücke, Aufsätze und Romane zwar nicht immer den Beifall der Kritiker, aber fast immer große Verbreitung gefunden haben, zieht sie die Blicke auf sich. Wo sie auftritt, steht sie im Mittelpunkt männlicher Bewunderung, aber auch bei den Damen ruft sie Entzücken hervor. Carola Neher und Berlin passen zueinander, Klabund und Berlin nicht weniger.

Doch bevor die Neher in diesem Jahr ihre erste Rolle auf einer Berliner Bühne übernimmt, kann das Paar noch einige erholsame Wochen unbeschwerten Glücks weitab der geschäftigen Großstadt genießen. In Frankfurt sind die beiden mit Carl Zuckmayer zusammengetroffen, und der hatte sie mit einem Verwandten, dem begüterten Bankier Dr. Ernst Goldschmidt, bekannt gemacht. Zwischen dem Dichter und dem kunstinteressierten Geschäftsmann entwickelt sich eine freundliche Beziehung, die dem Ehepaar eine verlockende Einladung einbringt. Goldschmidt besitzt ein malerisches Gut mit einem feudalen Herrenhaus bei Königs Wusterhausen, südlich von Berlin in der Mark Brandenburg an einem herrlichen Park und einem unberührten See gelegen. Da er selbst nur gelegentlich dort anwesend sein kann, lädt er die beiden ein, vor dem strapaziösen Neubeginn in Berlin einige Urlaubswochen auf dem Gut zu verbringen. Sie willigen begeistert ein und erleben von Mai bis Juli einen glühendheißen und, nach allem, was wir darüber wissen, außergewöhnlich glücklichen Sommer. Natürlich ist das Künstlerpaar auch dort mit viel Arbeit eingedeckt – Klabund schreibt an einem Drama über den englischen Politiker Cromwell und eilt sogar zwischendurch zu einem längeren Interview nach Wien. Seine Frau bereitet sich auf ihre erste Rolle in Berlin vor – aber noch nie haben die beiden eine so lange Phase gemeinsamer Ungestörtheit und entspannten Müßiggangs miteinander verleben dürfen. Klabund sitzt «nackt auf der Veranda, wie des Sommers Gott», von «dicken Fliegen, Filigran von Mücken, Pfauenauge und Zitronenfalter» umschwirrt, springt von Zeit zu Zeit mit einem Kopfsprung «zu den Hechten und Barschen», beobachtet verzückt die sich paarenden Frösche, schnäbelnde Tauben und «die Taucher schlank weißlichen Halses mit gelbem Kropf», die «immer zu zweit» durch das Gewässer segeln. In einer heiter-romantischen «Ode auf Zeesen», den er später dem Hausherrn als Privatdruck übergibt, besingt er das unbeschwerte Liebesglück:

Auch wir
Mädchen
Geliebte
Frau
Mensch
Immer zu zweit zu zweit seit Jahren
Schwimmen wir auf den Wassern des Lebens
Auf den Zeesener Gewässern
Dahme Middelwede und großer Peetz.

Man trinkt gemeinsam Erdbeerbowle, genießt den «frischen mildesten Salat, Kohlrabi, auch gezuckerte Johannisbeeren», beobachtet die beladenen Heuwagen und träumt vor sich hin. Carola Neher tanzt übermütig im Grase herum:

Schon springst du mir in den Nacken
Puma
Und tanzest auf meinen Knabenschultern.

Bewundernd und wie stets über beide Ohren verliebt, verfolgt Klabund seine Ehefrau mit den Blicken, wenn diese «im schwarzrotgestreiften Bademantel» zum Tennisplatz eilt:

Henry der Trainer wartet schon auf die gnädige Frau
Du schlägst die Bälle
Zwei Dutzend Bälle
Zwei Dutzend Menschenköpfe
Haarscharf übers Netz
Keinen Liebesblick
Keinen Ball
Läßt Du aus.

Und des Nachts – so jedenfalls erzählt es Klabund in seiner glückstrunkenen Ode – stürzt sich Carola ungestüm in seine Arme:

Da – ein Sprung – das Tier hockt auf dem Bettrand
Und umschlingt mich mit den weißen Armen
Drückt die heißen Lippen auf die meinen

Yes Sir that's my baby
Mein steinernes Herz – – – –
Du glühst noch –

Wieder, wie in Klabunds «Liebeslied» auf Carola Neher, mischt sich unvermittelt ein skeptischer Begriff in die Verzückung: ein «steinernes Herz» hat sich da über den Liebenden gebeugt, der dennoch refrainhaft immer wieder sein stolzes «Yes Sir that's my baby» erklingen läßt. Unter der glühenden Zuneigung lauert weiterhin der Zweifel.

Goldschmidt selbst eilt an seinem Geburtstag herbei, um den Tag mit den beiden zu feiern, aber Klabund erweist dem großherzigen Gastgeber auch schriftlich seinen Dank: «...ich bin Ihnen für Ihre liebenswürdige Gastfreundschaft zu großem Dank verpflichtet», und er überreicht Goldschmidt das Manuskript seines eben abgeschlossenen Cromwell-Dramas: «Es ist zwar wie alle meine ersten Niederschriften für andere so gut wie unleserlich, aber Sie sollen ja nur meine Dankbarkeit daraus lesen.»

Klabund und Carola Neher werden das Gut Zeesen nicht wiedersehen. Goldschmidt selbst wird auch nur noch wenige Jahre daran Freude haben: die Nationalsozialisten werden den jüdischen Bankier aus seinem Paradies vertreiben. Ab 1935 wird ein neuer Eigentümer die Zeesener Pracht an erholsamen Wochenenden genießen: Gustaf Gründgens. «Er hatte sich außerhalb Berlins sein Refugium geschaffen, sein Gut Zeesen in der Mark mit einem schönen Park und dem nahen See. Hier verbrachte er, umgeben von seinen wenigen echten Freunden, erholsame Stunden», wird Gründgens' Biograph Rolf Badenhausen später anmerken, ohne die Vorgeschichte des Hauses und seinen einstigen Besitzer auch nur zu erwähnen.

Nach den Tagen des gemeinsamen Glücks wartet das Theater in Berlin auf die Neuankömmlinge. Berlin ist jetzt eine europäische Metropole von brodelnder Umtriebigkeit, grellem kulturellem Glanz und frivoler, vergnügungssüchtiger Atmosphäre. Nahezu fünfzig Theater, drei große Opernhäuser, unzählige Kabarett- und Kleinkunstbühnen höchst unterschiedlichen Ranges, dazu Varietés und Vergnügungspaläste sorgen für unendliche Abwechslung. Berlin braucht sich hinter Paris oder New York nicht mehr zu verstecken. Der künstlerische Höhepunkt des Nachkriegstheaters ist beinahe schon überschritten – jeder kulturelle Höhenflug trägt die Symptome seines unausweichlichen Niedergangs schon in sich. Als «Perikleisches Zeitalter» hat Bruno Walter zufolge Alfred Kerr die zwanziger Jahre einmal bezeichnet und dabei vor allem an das Theater gedacht. Bruno Walter selbst meinte in seinen Erinnerungen: «Es war, als ob alle hohen künstlerischen Kräfte noch einmal aufwachten und dem letzten festlichen Symposium der Geister einen vielfarbig hohen Glanz gaben, bevor die Nacht der Barbarei hereinbrach. Was damals das Theater in Berlin leistete, kann an Talent, Lebendigkeit und Fülle des Gebotenen kaum übertroffen werden.»

1919 hatte der preußische Staat das einst von Friedrich Schinkel im neoklassizistischen Stil errichtete Schauspielhaus am Gendarmenmarkt übernommen und Leopold Jessner zu seinem Intendanten ernannt. Seine Inszenierungen klassischer Autoren brillieren in ihrer Aktualität, stellen die bekannten Stücke mutig in den politischen Kontext der labilen Republik und führen den Expressionismus zu publikumswirksamen theatralischen Höhen. Für den gesellschaftlichen Glanz aber sorgen die Bühnen Max Reinhardts – das Große Schauspielhaus, das er aus einem ehemaligen Zirkus Schumann zu einem Theater für die vergnügungssüchtigen Massen hatte umbauen lassen, das Deutsche Theater und die Kammerspiele. Mit diesem Bühnenimperium verwirklicht er seine vitalen Visionen vom großen Zauber- und Märchentheater, führt er zeitgenössische Dramatiker wie Hofmanns-

Vier Stars des Berliner Theaterlebens am Ende der zwanziger Jahre:
v. l. Erwin Piscator, Carola Neher, Herbert Ihering, Bertolt Brecht.

thal und Schnitzler zu eleganten Triumphen, erneuert er phantasievoll das Theater der Griechen. Aber schon 1920 hatte er sich vorwiegend nach Österreich zurückgezogen, wo er in seinem feudalen Schloß Leopoldskron am Fuße des Unterberges die Barocktradition wiederbelebte und die Salzburger Festspiele mitbegründete. Die Berliner Bühnen überließ er seinem Bruder Edmund als Geschäftsführer und Felix Hollaender, einem Onkel des Komponisten. Das Große Schauspielhaus begann unter dem Besucherschwund der Inflationsjahre zu leiden und verkam schließlich zu einem Revuetempel, in dem Eric Charell aufwendige Unterhaltung inszenierte. Erst 1924, nach dem Ende der Inflation, war Reinhardt wieder nach Berlin zurückgekehrt, um die «Komödie am Kurfürstendamm» zu eröffnen. Wie die meisten Berliner Theater muß auch diese Bühne ihr Geld ohne Subventionen verdienen und sich streng nach dem Geschmack des Publikums richten. Das berlinische ist zwar alles andere als anspruchslos, aber der Hunger nach leichter Zerstreuung ist in diesen aufgewühlten, unruhig zwischen Glanz und Elend dahinschlitternden Zeiten unstillbar. Mochte auch Erwin Piscator an seiner «Volksbühne» am Nollendorfplatz zur Freude der Kultureliten mit kontroversem und revolutionärem Theater neue Wege gehen – in der Gunst des Publikums dominieren inzwischen vor allem die bürgerlichen Privatetablissements mit mehr oder weniger kessen Boulevard- und Gesellschaftsstücken.

Zu den einflußreichen Impresarios der Berliner Theaterszene gehört jetzt auch Viktor Barnowsky, der Regiekunst und Geschäftsmethoden des Theaterbetriebes gleichermaßen sicher beherrscht und zeitweilig vier Theater in der Stadt sein eigen nennt. Er zahlt seinen Schauspielern höhere Gagen als Reinhardt (bei dem nur Stars wie Albert Bassermann, Alexander Moissi oder Max Pallenberg fürstlich entlohnt werden) und setzt ganz auf das Boulevardtheater. Auch er hat sich seine ersten Sporen am Lobe-Theater von Breslau verdient, nun gehört er zu den einflußreichsten Theaterleuten von Berlin. Barnowsky hat die fünfundzwanzigjährige Schöne an Klabunds Seite an sein «Theater an der Königgrätzer Straße» (das spätere Hebbel-Theater) engagiert. Im Juni ist Premiere von Noël Cowards «Gefallene Engel». Das Stück ist als Überbrückung für die Sommerzeit gedacht, in der die meisten großen Berliner Bühnen geschlossen haben. Eine fast gleichaltrige Mitspielerin ist Roma Bahn, mit der sich Carola Neher anfreundet – später werden die beiden noch einmal Konkurrentinnen im Umkreis von Bert Brecht werden. Von einem «entzückenden Zusammenspiel» der beiden weiß die «Berliner Börsenzeitung» nach der Premiere zu berichten, wie sie sich einen Schwips antrinken und «in die Bubiköpfe geraten» – das sei «eine der amüsantesten Szenen, die man derzeit auf einer Berliner Bühne sehen» könne.

Carola Neher wird an Barnowskys Bühnen noch mehrere Hauptrollen in wenigen Monaten übernehmen. Da die Aufführungen en suite gespielt werden, gleicht das gemeinsame Leben des Paares schnell wieder dem arbeitsreichen Alltag von Breslau. Im Herbst spielt sie am Lessingtheater die skrupellose und entschlossene Ann Whitefield in Bernard Shaws «Mensch und Übermensch», eine Rolle, die ihr förmlich auf den Leib geschrieben scheint. «Anmutig, verführerisch», nennt sie der Kritiker Monty Jacobs und bescheinigt ihr begeistert: «…diese junge Künstlerin hat ihren Berliner Erfolg um eine neue Stufe erhöht.» Aber in einer der Aufführungen kommt es zu einem unliebsamen Zwischenspiel, weswegen Klabund sich bitter bei der Direktion beklagt: «Es ist heut abend nach Schluß der Vorstellung etwas Scheußliches und Verabscheuungswürdiges geschehen: nachdem Klöpfer meine Frau schon auf der Bühne, anscheinend wieder betrunken, in der letzten Szene so roh anpackte, daß sie weinen mußte und zum Applaus nicht auf die Bühne konnte, ist er ihr in die Garderobe nachgestürmt, hat sie vor der Garderobentür in den unflätigsten Ausdrücken beschimpft, hat die

Garderobentür, die sie in ihrer Angst verschlossen, einge-
schlagen, dann die Türe von innen geöffnet und hat sie an die
Wand gedrückt, daß sie glaubte, zu ersticken. Es kann meiner Frau nicht zugemutet werden, mit solch einem rohen
Kerl wie Klöpfer noch weiter zu spielen. Sie wird morgen die
Klage gegen Klöpfer einreichen. Ich bitte Sie, die Ann sofort
umzubesetzen.» Offenbar wurde dieser Bitte entsprochen,
und ein Freund, der Klabund und Carola Neher wenig später
besuchte, vermerkt ihre Dankbarkeit über das ritterliche
Eingreifen des Ehemanns und beobachtet: «Klabund war so
verzückt vor diesen Frauenaugen, vor diesem Leben – und
wer ihn so gesehen, der wird dieser Frau immer dankbar
sein.»

Am Renaissance-Theater folgt weniger später «Aber
Mama» von Louis Verneuil, am Deutschen Künstlertheater
«Chicago» von Maurice Watkins und wiederum am Renaissance-Theater ein belangloses Lustspiel: «Cœur-Bube». Kurt
Pinthus berichtet von ihrem Auftritt in der gleichnamigen
Komödie «Kukuli» von V. Schmidt-Jager, wo sie ein naturhaftes Indianermädchen spielt: «Katzenschlank und beweg-
lich wie ein Eichhörnchen, bleckt sie bald die Zunge, bald
eine kesse Lache aus dem Mund, springt hier als Lauscherin
auf einen Baum, dort einer Nebenbuhlerin an den Hals,
fletscht lächelnd die weißesten Zähne und läßt in der
Stimme (!), was sage ich Stimme, in jeder Bewegung ihres
Körpers einen, wie man früher sagte, Timbre von süßer Sinnlichkeit fühlen, so daß man kritisch nicht zu mucksen wagt.»
Alfred Polgars Begeisterung ist nicht weniger vehement:
«Eine bezaubernde Frau und Schauspielerin, mehr als
hübsch, mit der Grazie und Flinkheit eines kleinen Raubtie-
res, temperamentvoll bis in die Fingerspitzen, blitzend von
Klugheit und Humor.» Und wenig später lobt ein Kritiker der
«Deutschen Allgemeinen Zeitung» Carola Nehers Katja in
Wedekinds «Liebestrank» mit den Worten: «Dieser knaben-
hafte Körper, dieses spöttische Spiel der Lippe, dies Auge

mit seiner behenden Lustigkeit, diese federnde Elastizität sind sinnlicher Reiz, der zugleich geistiger schauspielerischer Wert ist.» Man kann an all diesen Elogen nicht nur den Respekt vor Carola Nehers schauspielerischem Können, sondern auch ihre erotische Ausstrahlung ablesen. Es ist verständlich, daß Bernhard Minetti, der sie einige Male auf den Berliner Bühnen gesehen hat, (dem Schreiber dieser Zeilen gegenüber) seine Faszination auf die einfache Formel gebracht hat, schon nach ihrem ersten Auftritt sei er «unheimlich in sie verknallt» gewesen.

Der Ehemann ist von jedem dieser Auftritte ebenso begeistert. Dieses Jahr ist das Jahr seiner Frau, da hat er – er fügt sich in seine Rolle mit Anmut und Bescheidenheit – zurückzustecken, zumal ihre Bühnenhonorare das aufwendige Hotelleben mitfinanzieren. Wieder einmal verbirgt er sich ohne Hemmungen hinter der Rolle des objektiven Beobachters und formuliert für eine Zeitung leichtfertig eine überschwengliche Strophe an seine Gattin:

Du bist das holdeste, charmanteste
Was wir seit langem hier gesehen.
Denn, was du willst, das kannste (kannste)
Und was du kannst, das kannst du schön.

Am meisten hat es ihm ihre Rolle als geschmeidiges Samoa-Mädchen in «Kukuli» angetan, und so widmet Klabund seiner Frau aus Anlaß dieses Auftritts denn auch eines seiner bezauberndsten Liebesgedichte:

Kleiner Vogel Kukuli
flieh den grauen Norden, flieh
flieg nach Indien, nach Ägypten,
über Gräber, über Krypten,
über Länder, über Meere,
Kleiner Vogel, laß die schwere
Erde unter dir und wiege
dich im Himmelsäther – fliege
zwischen Monden, zwischen Sternen

bis zum Sonnenthron, dem Fernen
flieg zum Flammengott der Schmerzen
und verbrenn' in seinem Herzen!

Die eleganten Unterhaltungsjournale Berlins sind inzwischen auch auf das Paar aufmerksam geworden, stürzen sich aber bevorzugt auf die Schauspielerin. In einem Interview der Zeitschrift «Uhu» wird sie einmal nach den Geheimnissen ihrer Schönheit gefragt. Ihre Antwort, von selbstbewußter Professionalität, offenbart mit wenigen Worten die saloppe, kühle Sachlichkeit – aber auch die frivole Lust am Spiel. «Mein Geheimnis ist gar kein Geheimnis. Ich nehme für die Haare rohe Eier, für die Stirne Fett, für die Augen kaltes Wasser und für das Gesicht Eis. Der Körper braucht Gymnastik. Die Beine brauchen Bewegung. Der Magen braucht Brot, Früchte, wenig Fleisch. Das Herz braucht Liebe. Kein Alkohol – nur hin und wieder ein Glas Sekt. In der Woche eine Zigarette: einteilen muß man sich's halt.»

Klabund zieht wieder unruhig und lebenshungrig mit Literatenfreunden durch die Berliner Cafés. Er schreibt lockere Verse für Berliner Kabaretts und arbeitet jetzt auch für den Berliner Rundfunk, für den er Hörspielfassungen von Grabbes «Herzog Theodor von Gothland» und «Der junge Aar» von Edmond Rostand einrichtet. Sein Arbeitstempo ist atemberaubend. Seit seinen beiden «Literaturgeschichten in einer Stunde» («Deutsche Literatur» und «Weltliteratur») versteht er sich auf eilige, oft erfrischend unbekümmerte Ritte durch den abendländischen und asiatischen Bildungsvorrat. Aufträge nimmt er an, wo immer sie sich bieten. Sein unbekümmerter Umgang mit großen Namen und Traditionen bewahrt ihn vor jeder falschen Feierlichkeit. Seine Sprache bleibt immer unverkennbar spontan, ob schwärmerisch oder ironisch, frech oder trauernd. «Wo der ismus aufhört, da fängt der Dichter erst an, denn letzten Grundes macht die Einzelseele, nicht die Massenpsyche oder

-psychose erst den Dichter zum Dichter.» – «Ein guter na-
turalistischer Roman ist mir lieber als ein schlechter expressionistischer und umgekehrt.» – «Heinrich Laube ... schlug
die dramatische Pauke, daß einem Hören und Sehen ver-
ging» – solche Sätze mußten die ehrwürdige Tradition deutscher Literatur-Geschichtsschreibung provozieren. Aber für
ein «Fachpublikum» hat Klabund nie schreiben wollen. Im
Lessing-Theater hat sein Drama «Cromwell» Premiere. Aber
das Stück, von dem sein Freund Benn meint, er habe es «hervorkarnickelt», wird ein schlimmer Reinfall, zu dem Alfred
Polgar nur anmerken kann: «Der dichterische Ertrag ist gering; auch das Theater hungert da an vielen bunten Schüs-
seln.» Lion Feuchtwanger bezeichnet nach einem Hinweis
Guido von Kaullas das Stück als «Bockmist». Nach dem Debakel muß es gleich wieder vom Spielplan abgesetzt werden.
Abermals hat Klabund, während seine Frau Triumphe feiert,
eine empfindliche Niederlage erlitten. Aber er trägt sie mit
Fassung und gestattet sich keine Resignation. Einer Zeitung
gegenüber meint er: «Die Gestalten meiner historischen Romane ... sind Projektionen meiner selbst. Ich liebe in meiner
Dichtung die starken Charaktere. Ich selbst, in kleinen Din-
gen sehr konziliant, lasse mich von nichts abbringen, was ich
als richtig erkannt habe. Ich habe mich auch durch Not von
meinen Plänen nicht ablenken lassen, ich habe immer intensiv gearbeitet, zu allen Zeiten des Jahres und des Tages, ob
ich gesund war oder krank ... ich war immer sicher meiner
selbst. Noch ehe ich begann, wußte ich meinen Weg.» Ehrli-
che Worte – was daran eher selbstauferlegte Entschlossenheit als Gewißheit ist, das hat Klabund seit der Erkenntnis
seiner tödlichen Gefährdung stets mit sich alleine abge-
macht.

Er legt Wert darauf, «immer sicher seiner selbst» zu sein.
Daß er sich der Liebe und Treue seiner Ehefrau nicht ebenso
sicher zu sein glaubt, quält ihn um so mehr. Unruhig und
noch immer glühend verliebt, überwacht er jeden ihrer

Schritte und Auftritte. Carola Neher steht vor einem längeren Gastspiel in Wien. Klabund spürt die Symptome seiner Krankheit wieder einmal näher rücken. Seine eiserne Selbstdisziplin läßt ihn nach außen unverändert heiter und optimistisch wirken. Im Dezember 1926 schreibt er an die noch immer hoch verehrte Mutter seiner ersten Frau «Irene», wie sehr ihm die Aktivität seiner Frau zu schaffen macht: «Es ist eigentlich ein schrecklicher Beruf, ein schrecklich schöner, Probe von 11−4, Essen, Schlafen, 7 Uhr im Theater, (8 Uhr Spielen, ½12 abgeschminkt, Essen, 1 Uhr Schlafen.) Ich glaube, nur die Bergleute haben's ähnlich angestrengt. Ich jedenfalls bin dagegen faul, oberfaul. Ich tue überhaupt nichts mehr.» Klabund spürt oder weiß zu diesem Zeitpunkt, daß diese Frau seine letzte große Liebe sein wird und seine Krankheit nicht mehr aufzuhalten ist.

Vorhang auf für die Neher

Zu Beginn des Jahres 1927 findet sich Klabund wieder in der Pension Stolzenfels in Davos ein. Seine Frau begleitet ihn für einige Tage, reist dann jedoch wieder nach Berlin zurück, weil das Theater dort auf sie wartet. Klabund verbringt den Winter wieder mit Liegekuren, kurzen Spaziergängen und Schreiben. Erst im März kann er wieder nach Berlin zurückkehren, und wieder reißt ihn ihre Nähe in ein Wechselbad der Gefühle. «Denken Sie das Neueste», schreibt er sogleich an die Davoser Pensionswirtin und mittlerweile enge Vertraute, Frau Poeschel, «meine Frau überraschte mich nach meiner Rückkehr ... damit, daß sie Auto fahren gelernt hatte. Sie fährt jetzt jeden Tag wie irrsinnig in Berlin herum – natürlich im tollsten Verkehr, Friedrichstraße, Alexander-, Potsdamer Platz. Sie will sich ein Auto kaufen und damit nach Wien fahren! Sicher wird sie mich einmal in einer Eifersuchtsszene absichtlich gegen einen Baum fahren. Mein Leben ruht künftig wirklich ausschließlich in Gottes Hand.» Es ist natürlich nicht irgendein Auto, das sich die kapriziöse Dame ausgesucht hat: «Nach ihrem Grundsatz: vom besten und teuersten hat sie sich einen Mercedeswagen ausgesucht, so viel ich weiß. (Ich kenne den Wagen noch nicht. Erst hatte sie sich für einen Steyr entschieden).»

Wieder ist nicht an geruhsame Zweisamkeit und schon gar nicht an eine Schonung des Kranken zu denken. Eine Reise verlangt seine Teilnahme: der ersehnte Ausbruch aus den Rollen des Berliner Boulevardtheaters soll für Carola Neher während eines Gastspiels in Wien gelingen. Doch beide sehen dem Engagement mit gemischten Gefühlen entgegen. Zwar ist Carola Neher die Hauptrolle in Shaws Komödie «Caesar und Cleopatra» förmlich auf den schönen Leib geschrieben, aber Klabunds Bemerkung an die Mutter «Irenes», seine Frau traue dem «verkalkten Etablissement» des Burgtheaters nicht, verrät seine eigene Unlust zu dieser Reise an die Donau: «Sie ist eine derart moderne, aggressive, irritierende Schauspielerin, daß ich mir in der Tat nicht ganz klar bin, wie das Wiener Publikum und die Wiener Kritik auf sie reagieren werden. Die schwärmen doch so für geistige Mehlspeis, Schmarrn und Gugelhupf.» Die wahren Besorgnisse aber folgen im nächsten Brief: «In Wien ist ja alles so schrecklich privat und persönlich und unsachlich. Liebstöckl [ein einflußreicher Kritiker, M. W.] gilt ja als absolut korrupter Bursche. Wenn auch nicht durch Geld, so doch erotisch-bestechlich.»

Carola Nehers Erscheinen 1927 in Wien wird von der Presse mit Neugierde aufgenommen. In ihrem Hitzinger Hotel gibt sie, ganz Star aus der deutschen Metropole, vergnügte Interviews und gewinnt sich sogleich die Herzen ihrer Gesprächspartner. «Wenn man der Künstlerin zum ersten Mal gegenübersitzt, hat man sofort die Empfindung, daß sie nicht eine schöne Frau ist, die sich aus irgendeinem Grunde zum Theaterspielen berufen fühlt. Man ist überzeugt, daß sie nur zu dem Zwecke erschaffen wurde, um auf der Bühne zu stehen, und zwar gerade auf der Bühne der jüngsten Gegenwart», meint ein Journalist entzückt, und natürlich entgeht auch ihm nicht, was schon so viele Bewunderer in Erregung versetzt hat: «…diese Stimme, die wie ein vermenschlichter Glockenton klingt.» Die erste Premiere verfolgt die Presse erwartungsvoll: «…sie vertreibt sich einstweilen die Zeit damit, sich auf einem recht großen Bogen Papier alle Rollen aufzuschreiben, die sie im Laufe der Zeit spielen möchte», meint ein Interviewer ehrfürchtig.

Der erste Auftritt wird denn auch bei der Kritik ein rasan-

Die Dame sitzt am «Steuer», ihr Ehemann scheint dem Vehikel nicht ganz zu trauen – Carola Neher und Klabund auf einem Motorrad in Wien 1927. Das Foto dürfte inszeniert sein, um die Schauspielerin aus Berlin an der Donau bekannt zu machen.

ter Erfolg. Eine Eloge von Alfred Polgar, dem die Inszenierung im übrigen nicht gefällt – «verwahrlost» nennt er sie –, fällt besonders ins Gewicht: «Jung, hübsch, sehr apart, schlank wie die beliebte (in solchem Fall zum Vergleich unvergleichlich taugende) Gerte und biegsam wie diese, mit einem nervösen, von lebhaft rundfunkelnden Augen belichteten, von einer kleinen, frechen Nase pointierten Katzengesicht.» Weiter schwärmt Polgar von der «geschmeidigen Anmut der Darstellerin, ihrer Klugheit, ihrem körperlichen Humor, sozusagen.» Auch die Stimme darf natürlich nicht unerwähnt bleiben: sie «splittert im Affekt». Aber noch etwas ist dem scharfsinnigen Beobachter und feinsinnigen Stilisten nicht entgangen: «Ob sie viel Herz hat, weiß ich nicht; in den Vordergrund drängt sich dieses Organ keinesfalls.»

Klabunds Befürchtungen, daß das Burgtheater mit seiner Frau nichts Rechtes anzufangen weiß, erweisen sich erst einmal als unbegründet: Carola wird im Anschluß an «Caesar und Cleopatra» noch die Henriette in Strindbergs «Rausch» und die Hauptrolle in einem englischen Lustspiel «Weiberfeinde» spielen, von dem Klabund allerdings meint: «Das Stück Klischees, die Rolle dürftig.» Diesmal bringen ihr die Auftritte doch einige Verrisse ein. «Wenn die drei Steigerungen des Begriffs Weiblichkeit Weib, Frau und Dame sind, so hält sich Frau Neher auf der untersten dieser drei Stufen auf, und ihre weiterreichende Verwendbarkeit im Burgtheaterrepertoire wird hauptsächlich davon abhängen, ob es ihr gelingen wird, auch die beiden höheren ihrer Kunst einzuverleiben», meint ein Kritiker warnend. Nach der Sommerpause folgt noch eine Aufführung, die dem Paar aus Deutschland zu gleichen Teilen wichtig ist, die Uraufführung des Klabund-Stückes «XYZ». Das schnell hingeschriebene Stück, bei dessen Handlung, wie Polgar spöttisch bemerkt, «holde Abkürzung waltet», ist eine harmlose, aber amüsante Partnerschaftskomödie, von der der sonst milde urteilende Polgar meint: «Wenn ich mich nicht irre, ist das schon einmal oder tausendmal dagewesen.» Das Hauptmotiv für die Entstehung des Stückes hat Klabund selbst verraten: Er könne es nicht lassen, «dieser verehrten und geliebten Frau Stücke auf den Leib, auf die Seele zu schreiben», nur damit er Gelegenheit habe, «sie seine Worte sprechen zu hören, sie lächeln und weinen zu sehen aus seinem Herzen». Er habe «XYZ» allein für seine Frau geschrieben, «deren Gestalt über die Bühne nur gehen zu sehen für ihn Freude und Glück bedeutet». Um so plastischer läßt sich vorstellen, was eine Beobachterin der Uraufführung so beschreibt: «...wie eine treue Mutter, die ihr Kind wiegt», habe Klabund im Parkett ausgesehen, das «blasse Knabengesicht in heißer Glut getaucht... Dann kommt sie auf die Bühne, sie, der jeder Gedanke, jeder Atemzug gilt ... jede Betonung, jede Bewegung geht ihm durch und durch.» Auch Alfred Polgar ist erneut von der jungen Darstellerin entzückt: «Frau Neher tanzen zu sehen, ist ein Vergnügen. Auf weichem Lager, zwischen Kissen von überzeugend symbolischer Form, turnt sie behende und possierlich ... mit der Liebe spielt sie furchtlos wie das Kind mit dem bösen Hund, er tut ihm nichts! Sie ist leichter als das Leben: es trägt sie.»

Damit aber ist das Wiener Abenteuer zu Klabunds großer Erleichterung endlich zu Ende. Zu weiteren Verpflichtungen kommt es nicht. Irgendwie haben die eigenwillige Deutsche und die Erwartungen des Wiener Publikums doch nicht zusammengepaßt. Dabei hat sich die Schauspielerin alle Mühe gegeben, als echte Österreicherin zu gelten: von ihrer «Grazer Jugend» hat sie in einem Interview erzählt. Mit der Wahrheit hat sie es ja, vor allem dann, wenn die Karriere auf dem Spiel steht, schon öfter nicht genau genommen.

Vermutlich war der gemeinsame Aufenthalt in Wien auch wieder von mancherlei Zerwürfnissen belastet. Jedenfalls berichtet Klabund im Mai 1927 verzagt nach Davos: «Ich bin zur Zeit in München. Auf ‹Eheurlaub›. Meine Frau spielt noch bis 1.Juni in Wien. Dann will sie, glaube ich (!), an die See oder an einen See. Was ich mache, weiß ich noch nicht.» Doch auch diesmal folgt das Wechselbad auf dem Fuße: schon wenige Tage später beschließen die beiden, zu gemeinsamen Ferien nach der Adriainsel Brioni aufzubrechen. Die schönen Tage von Zeesen sollen unter südlicher Sonne, die für den kranken Ehemann zuträglich ist, eine Fortsetzung finden.

Die nördlich von Pula gelegene malerische Insel vor der Küste Istriens mit ihren Kiefern-, Pinien- und Steineichenwäldern, Zedern und Olivenhainen, ihren zahlreichen Spuren aus byzantinischer und venezianischer Zeit gehörte damals noch zu Italien und galt zwischen den beiden Weltkriegen als Oase der Stille und Abgeschiedenheit. Einige elegante Hotels beherbergten die begüterten Connaisseurs der ganzen Welt. 1893 hatte ein Industrieller aus Meran die ganze Insel erworben und sie bald zu einem Anziehungspunkt für die High Society gemacht. Wegen der ständigen Malaria-Gefahr hatte er die Sümpfe trockenlegen lassen, verschiedene Arten von Tieren angesiedelt, den Weinanbau gefördert. Später kam auch ein Spielcasino hinzu, das dem leidenschaftlichen Spieler Klabund zugute gekommen sein dürfte. Hier fühlte sich das Paar für einige Wochen, wie aus einer Postkarte Carola Nehers an die Mutter von «Irene» hervorgeht, «im Paradies». Leider fehlen uns nähere Beschreibungen über den Verlauf dieses Aufenthaltes, aber ein wenig später geschriebenes, trauriges Gedicht, das Klabund seiner Carola in den Mund gelegt hat, läßt ahnen, was der Urlaub den beiden bedeutet haben muß:

Alle Frauen
Die dich früher liebten,
Hatten so viel Zeit für dich.
Ich hab gar keine Zeit –
Nicht für dich
Kaum für mich.
Ich habe nie Zeit
Zu einem flüchtigen Kuß
Und einer verwehenden oder bösen Zärtlichkeit.
Je nachdem ich gelaunt bin.
Ich habe den ganzen Tag Probe.
Abends spiele ich Theater.
Dazwischen Masseure, Friseure, Photographen –
Wann soll ich dich lieben?
Nachts nach der Vorstellung bin ich todmüde.
Verzeih mir, daß ich dich nicht lieben kann.
Vielleicht im Sommer
In Interlaken oder Brioni
Aber bis dahin wirst du nicht warten wollen.
Schade.

Ganze zwei Monate bleibt das Paar endlich wieder ohne Ter-
minhetze und Theateranforderungen vereint auf der ab-
geschiedenen Insel und genießt, wie Klabund an einen
Münchner Freund schreibt, «einen der schönsten Sommer-
aufenthalte, die ich gehabt habe. 2 Monate Sonne, Meer,
Wald, Ruhe. Der einzige Nachteil war, daß es dieses Jahr für
Deutsche wegen des hohen Standes der Lira sehr teuer war.»
Auf Brioni arbeitet Klabund aber auch hart wie immer. Er
schreibt an einem Drehbuch zu einem Film «Rasputin», der
mit leichter Hand die Zustände am Zarenhof vor der Revolution kolportiert. Es ist eine gut dotierte Auftragsarbeit der
Firma Metro-Goldwyn-Meyer. Das Drehbuch wird nie verwendet, dafür wird es als «Roman eines Dämons» schnell
umfunktioniert. Um die finanziellen Verhältnisse Klabunds
steht es seit dem «Kreidekreis» und anderer Bühnen-Tantie-
men inzwischen nicht mehr ganz so bedrohlich, aber Kla-

bund lebt für den Augenblick, gibt das verdiente Geld mit leichter Hand aus, vor allem, wenn er damit seine Frau verwöhnen kann.

In Deutschland haben sich die ökonomischen Bedingungen inzwischen weiter stabilisiert. Der Börsensturz vom 13. Mai des Jahres 1927 hat vorübergehend für Panik gesorgt, aber schon zehn Tage später ist das Malheur wieder behoben. Die Republik sei «nun fest verankert», beruhigt die «Frankfurter Zeitung» ihre Leser. Die Nationalsozialisten hätten zumindest «in den großen Städten ihren Höhepunkt längst überschritten». Die vermeintlichen «Goldenen Jahre» sind auf ihrem Höhepunkt angekommen, Theater, Kabaretts und Zeitungen können einem so geschwind schreibenden Dichter wie Klabund inzwischen stattliche Honorare zahlen. Zumindest die Oberfläche des Lebens glitzert in grellen Farben, wenn auch üppige Prosperität und schreiende Armut kraß gegeneinander stehen. Kaum ein Bild vermag die Stimmung und die soziale Ungleichgewichtigkeit des Jahres 1927 besser zu verdeutlichen als das «Großstadt-Triptychon» von Otto Dix. Die sich amüsierende Berliner Gesellschaft im Licht und die ausgegrenzten Bettler, Kriegskrüppel und Hungernden im Schatten der übervollen Straßen vermischen sich zu einem beängstigenden Großstadt-Dschungel, der die Lust auf die Flucht in ferne Paradiese anheizt und dem Tourismus (und seinen Preisen) zugute kommt. Der erste Alleinflug von Charles A. Lindbergh über den Atlantik trägt das Seine dazu bei, die aufkommende Reiselust zu beflügeln: Es ist kein Wunder, daß sich Klabund und Carola Neher jetzt weniger in die Mark Brandenburg als in das mondäne Brioni träumen und dort die Wirklichkeit vergessen wollen, koste es, was es wolle.

Und schließlich trägt ja auch Carola Neher, nachdem sie in Berlin und Wien endgültig zur gefragten Spitzenschauspielerin aufgestiegen ist, Entscheidendes zur gemeinsamen Haus-

Wann immer Klabund und Carola Neher fotografiert wurden, strahlte der Dichter seine Frau verzückt an: hier in festlicher Garderobe auf einem Ball. Freilich endeten solche Abende nicht immer harmonisch.

haltskasse bei. Nach ihrer Rückkehr aus Wien steht auch schon der nächste Karrieresprung bevor: Jetzt hat auch der große Max Reinhardt erkannt, daß diese Schauspielerin mehr kann, als sie auf den Boulevardbühnen Barnowskys zeigen durfte. Reinhardt macht ihr sogar ein Angebot, ihm nach Amerika zu folgen, wo er neuerdings auch öfter arbeitet, aber sie kann es sich leisten, das Angebot abzulehnen. Nicht etwa wegen ihres nun wieder heftig unter den Attacken seiner Krankheit leidenden Ehemannes – seinetwegen hat sie noch nie eine künstlerische Chance außer acht gelassen. «Weil Reinhardt schlecht bezahlt und auch die Rollen nicht besonders waren. Es hätte nur einen Sinn gehabt, wenn ich die Chance zu einem großen persönlichen Erfolg gehabt hätte», teilt sie kühl Frau Poeschel nach Davos mit. Seit der Rückkehr aus Wien lebt das Paar wieder einmal in getrennten Hotels, «da ich täglich eine sehr anstrengende Rolle spiele und auch sonst viel zu tun habe».

Klabund wohnt jetzt im «Hotel am Zoo», schreibt für «Metro-Goldwyn-Meyer» das Drehbuch zu einem «Film-Drama» (das nie realisiert wird), ein «Spiel nach dem Japanischen Kirschblütenfest», Artikel in Berliner Zeitungen wie «Die literarische Welt», «Die Weltbühne» oder «Die Dame», Dramenentwürfe und auch jene Erzählung, die das eigene Schicksal und das seiner Frau am radikalsten thematisiert: «Die Silberfüchsin». Wenn er auch Carola Neher darin als «Karin Lund» erzählen läßt – die verzweiflungsvolle Hingabe an seine Frau wird in dieser intimen und rücksichtslosen Selbstcharakteristik hinter jeder Zeile sichtbar. Sogar sein unerfüllter Wunsch nach einem Kind wird zur Sprache gebracht. Auch seine, hinter der Fassade galanter Freundlichkeit verborgene, Leidensfähigkeit wird angedeutet: «Lukas schweigt den Menschen gegenüber in sich hinein. Er redet zu fremden Menschen nie ein überflüssiges Wort. Er hält immer Distanz.»

«Wir sind ein eigenes Volk, wir Kranken», hat Klabund einmal geseufzt, er führe in seinem Leben «doppelte Buchrechnung. Auf der einen Seite nimmt zwar die Krankheit erheblichen Raum ein; aber sie ist nur ‹notiert›, zur Kenntnis genommen.» Er führt ein Doppelleben, der stets ungestüm arbeitende Dichter, weil er um keinen Preis der Welt außerhalb der «Gesunden» stehen möchte. Dabei geht es ihm inzwischen wieder einmal bedrohlich schlecht. Er müßte dringend zurück nach Davos. Aber eine Reise ist unter den augenblicklichen Umständen gar nicht möglich. An Poeschel von der Pension Stolzenfels berichtet er im Oktober 1927: «...es scheint, daß mein Versuch, nach Davos zu kommen, mit Geißeln und Ruten an mir gerächt werden soll. Nachdem ich Ihnen telegraphiert hatte, daß ich am 30. kommen wollte, bekam ich am 26. eine Blutung, die allerdings so aussah, daß ich am 2. hätte fahren können. Vorgestern bin ich schon wieder ganz munter – da bekam ich in der Nacht plötzlich eine zweite Blutung, die aber weniger nett aussah als die erste. Und jetzt werde ich neugierig auf die dritte. Ja, im Ernst: ich muß schweren Herzens bitten, über mein Zimmer zu verfügen und die bisher entstandenen Kosten mir anzukreiden ... Ich nehme an, daß ich jetzt doch noch 14 Tage hier werde liegen müssen.» Aber gleich will er den wahren Ernst der Lage wieder ins Heitere auflösen: «Ja, Tuberkeln sind doch bittere Pillen (dies für Ihr Fremdenalbum).» Carola Neher ergänzt diesen Brief wenige Tage später mit einem Hinweis, der verrät, daß sie sich nun über die Lage ihres Mannes keinerlei Illusionen mehr macht: «Mein Mann braucht Ruhe, Ruhe, Ruhe. Er ist schrecklich nervös geworden.» Kurz darauf wird sie noch deutlicher: «Ich habe so viel Sorge und Kummer um ihn, er ist sehr elend!» Das Jahr, das Carola Neher so glänzende Erfolge beschert hat, geht für das Ehepaar düster zu Ende: Klabunds tödliche Krankheit ist in ihr letztes Stadium getreten.

In diesem Winter erlebt ihn einmal der Journalist Stefan

Großmann in einem Berliner Lokal, und es kann nicht ausbleiben, daß Klabund sogleich von seiner Frau zu sprechen beginnt: «Gewiß möchte ich immer um sie sein, aber ich wohne nicht mit ihr, seitdem ich so krank bin ... ich habe mich dazu gebracht, mich physisch fern, sehr fern von ihr aufzuhalten. Je länger, je unerwartet länger ich lebe, desto mehr bin ich mit ihr vermählt, aber zwischen meinem Davos und ihrem Berlin liegen Hunderte von Kilometern, und diese Distanz wird größer, wenn es mich nach Berlin reißt.» Wie es sich mit der Ansteckungsgefahr inzwischen wirklich verhält, ist nicht sicher. Die folgenden Monate zeigen, daß Klabund sich selbst weit weniger darum kümmert, als er Großmann gegenüber vorgibt. Die wahren Gründe für die ständigen Trennungen sind, außer der Krankheit, Carola Nehers volle Konzentration auf ihren Beruf, vielleicht auch die eine oder andere Zerstreuung – und die sich mehrenden gegenseitigen Vorwürfe. Die Ehe hält der Belastung, die von beiden Seiten ausgeht, nur noch schwach stand. Phasenweise leben die beiden nur noch nebeneinanderher.

Immer wieder Davos

«Ob ich nun», hatte der zwanzigjährige Dichter Alfred Henschke an seinen Mentor «Unus» entschlossen geschrieben, «ein schlechter oder ‹guter› Dichter bin, jedenfalls sind mir die Organe zu einer anderen Lebensart verkümmert.» Das Ziel seines Lebens, in den Olymp der Dichter und Denker zu gelangen, hatte er schon früh bestimmt. Der Drang zu formulieren, zu erzählen und zu phantasieren, war so unstillbar wie der seiner Frau zur Schauspielerei. Über alle Gefährdungen und Enttäuschungen hinweg hatte ihm stets sein geradezu fanatischer Wunsch hinweggeholfen, die Realität nur im Spiegel der Poesie zur Kenntnis zu nehmen. Diese Brechung seines Wahrnehmungsvermögens durch die Flucht in den Traum, die Begierde nach Schönheit, Phantasie und kunstvoller Form, hatte ihm geholfen, die Krankheit über viele Jahre hinweg in Schach zu halten. Es fällt schwer, im ganzen Umfang zu ermessen, wie radikal die Flucht vor der Krankheit das Weltbild und die Dichtung Klabunds beeinflußt hat. Fest steht nur, daß er sich den Beruf längst vor Beginn und der Erkenntnis der tödlichen Gefahr gewählt hatte. Schon der Knabe, dem die Schule in *allen* Fächern so leicht gefallen war, hatte zielstrebig die ersten, tastenden Schritte in Richtung auf die Literatur unternommen.

1928, zu Beginn seines achtunddreißigsten Lebensjahres, kann Klabund auf ein stattliches Werk, über 1500 Gedichte (von höchst unterschiedlichem Gewicht), zahllose Nachdichtungen, Romane, Theaterstücke, Essays und Artikel zurückblicken. Alle Versformen hatte er ausprobiert, die leich-

ten des Chansons und der Brettl-Lyrik ebensogut wie die
klassischen Muster der Dichtkunst sind dem «lyrischen
Schriftstellereibesitzer mit langjährigem Dampfbetrieb»
(angeblich hat Klabund sich selbst einmal so genannt, in
Wahrheit dürfte diese Formulierung auf einen Spötter zu-
rückgehen) schwerelos von der Hand gegangen. Seine Dia-
loge verraten eine lautere Zartheit, seine Prosa jagt, unbe-
kümmert um naturalistische Genauigkeit, atemlos zwischen
Metaphern und hingetupften Bildern dahin. Er kann längst
die Tonlagen nach Belieben wechseln – und vermag sein eigenes Ich trotz aller autobiographischer Verweise glänzend
hinter Wortkaskaden zu verbergen. Seine begeisterten Entdeckungen fernöstlicher Poesie, Sujets und philosophischer
Erkenntnis waren ihm ein ideales Mittel, in fremde Masken
zu schlüpfen und dabei die eigenen Empfindungen wie hinter einem Gaze-Vorhang notdürftig zu verbergen. Er hat diesen dichterischen Kontinent gewiß nicht als erster für das
Abendland entdeckt, aber mit seinen freien Übersetzungen
die Literatur seiner Zeit sehr beeinflußt. «Fernost-Rilke» hat
man ihn spöttisch genannt. Seine Einflüsse auf Brecht sind
unbestritten; stets hat Brecht von Klabund übernommen,
nie umgekehrt. Was Klabund an der fernöstlichen Poesie in
Entzücken versetzte, war die Gewißheit, ihr näherzustehen
als der deutschen Kultur: «Das westliche Denken ist ein ra-
tionalistisches, empiristisches Denken, ein Denken an sich.
Seine Welt ist eine Innenwelt.» In dieser esoterischen Alternative zu seiner eigenen bedrohten Realität suchte und fand er
seinen Halt – sei es auch um den Preis der Selbsttäuschung.
Das verzweifelte Alleinsein, das Außenseitertum, die Anklage und der zornige Aufschrei, der Spott und die Melancholie, der Übermut und die Trauer, das ganz Private und das
Politische, die Elegie und die Hymne, die Feier des Genusses
und das Wissen um die Vergänglichkeit, die Mattigkeit und
die Emphase, die Naivität und der Zynismus, die Freude am
Leben und die Magie des Todes – Klabunds umfangreiches

literarisches Vermächtnis ist auf keine eindeutige Form festzulegen. Es sprüht voller Widersprüche und bizarrer Varianten. «Sein künstlerisches Temperament trat über alle Ufer, er indes hatte weder Kraft noch Lust, es einzudämmen», hat einer der wenigen Kenner seines Werkes, Marcel Reich-Ranicki, gesagt. Das dichterische Werk scheint aus dem Dichter förmlich wie ein über Stock und Stein hüpfender Gebirgsbach herauszuquellen, willkürlich und aufmüpfig, mal plätschernd, mal schäumend. «Vieles von dem eilig Hingedichteten wird vergehen, trotzdem mehr übrig bleiben als von den meisten bändereichen Lyrikern seit Heinrich Heine», prophezeite Carl von Ossietzky liebevoll und irrte sich dabei gründlich. Anders als seine Zeitgenossen Kurt Tucholsky, Erich Kästner, Franz Werfel oder Thomas Mann geriet Klabund schon kurz nach dem Ende des Zweiten Weltkrieges ins verlegerische Abseits. Auch die Anhänger der Esoterik haben ihn übersehen, dabei kommt seine Neigung zu Mystik und Magie ihren Vorstellungen oft entgegen. Daß er in Vergessenheit geriet, mag an der fahrigen Unschärfe mancher Texte, vor allem der Romane, liegen. Die Brettl-Lyrik kann sich mit der von Kästner oder Tucholsky, Mehring oder Ringelnatz messen. Es liegt aber gewiß auch auf profane Weise daran, daß sich nach seinem Tode niemand systematisch und ausdauernd der Pflege von Klabunds Nachlaß annehmen konnte oder wollte. Seine Autorenrechte sind über Carola Neher zuerst in die Hände des – damit überforderten – älteren Bruders und nach dessen wiederholter Verheiratung an unkundige Erben gelangt.

Zu den häufigsten Motiven in Klabunds Dichtung gehört der Tod. In seiner vagantenhaft aufsässigen Lyrik wird der Tod verspottet, in seinen volksliedhaften Chansons dient er, zumeist mit beißendem Humor, als überraschende Pointe. In den elegischen, klagenden Versen wie etwa in den Irene-Gedichten wird er traurig beschworen oder hymnisch verklärt.

Erschütterung und Schrecken werden dadurch immer gemildert. Die ins Spöttische, Schwärmerische oder Metaphorische gekleidete Poesie zieht einen Schleier vor das Grauen. Unter den Davos-Gedichten sind einige von bennschem Sarkasmus, aber im Vergleich zu Benn bleiben die meisten gefälliger, auch vordergründiger. Klabund, der dem Tod so oft und so unausweichlich wie nur wenige andere Autoren ins Auge geblickt hat, gewährte ihm auch in seiner Dichtung nur so viel Raum, wie er selbst eben noch ertragen konnte. Nicht unwesentlich hat ihm dabei sein dem Buddhismus entliehener Glaube an eine Wiedergeburt geholfen. Seinen Helden «Bracke» läßt er im gleichnamigen Eulenspiegel-Roman traurig-verschmitzt verkünden: «Ich werde mit den Engeln Würfel spielen und werde ein Heiliger werden. Sankt Peter wird mir mit der Geige zum Tanz aufspielen, und ich werde selig sein in der Seligkeit.» Ein wenig hat der Dichter sich wohl auch selbst als einen Heiligen empfinden wollen: «...die ganze Erde war ein Daunenbett, in dem Bracke unhörbar auf und nieder hüpfte.»

Auch in den kurzen satirischen oder feuilletonistischen Prosa-Grotesken ist oft vom Tod die Rede. Zu den aufschlußreichsten unter ihnen aber gehört die Erzählung «Der Jockey», in der von einem verunglückten, auf dem Krankenbett seinem Ende entgegenfiebernden Reitersmann die Rede ist, der zuletzt von seinem eigenen Pferd erschlagen wird. Der Tod tritt gerade in jenem Augenblick ein, in dem der Jockey ein letztes Mal das «breite, heuduftende Maul» seines geliebten Pferdes geküßt hat. «Ein ergreifender Tod», meint lakonisch der daneben stehende Arzt, «von seiner Geliebten ins Jenseits befördert zu werden.» Von seiner Geliebten? Dieses, wieder einmal ins Vergnügliche gewendete, makaber ironisierte Ende eines verwegenen Reiters spielt natürlich auf das Verhältnis von Klabund zu seiner Ehefrau, der heißgeliebten, an. Krankheit und Leben: Klabunds Lebensthema und -trauma tritt uns in unzähligen

Kostümierungen entgegen. Wie die Früchte des Tantalos liegt das gesunde, lockende Leben vor seinen Augen – es heißt vor allem Carola.

Zu Beginn des Jahres 1928 freilich hat sich der Gegensatz zum Dauerkonflikt gesteigert, sind die Gemeinsamkeiten auf ein Minimum herabgesunken.

«Ich bin ein Dichter und speie immer Blut», sagt in der kleinen Erzählung «Krankheit» der Held Sylvester. Von einem «grauen Schicksal: dem Wort zu dienen» spricht er. Aber seine Angebetete fordert von ihm: «Ich will Sie einmal *handeln* sehen ... Tun Sie einmal etwas! Handeln Sie einmal nicht künstlerisch künstlich, dichterisch ...» Auf die Entgegnung «Ich bin krank» meint sie nur: «Überwinden Sie die Krankheit.»

In einem ihrer wenigen erhaltenen Briefe schreibt Carola Neher zu Beginn dieses Jahres an Frau Poeschel (die mit ihrem Gatten selbst zu den Patienten gehört!): «Mein Mann ist leider wieder sehr krank.» In diesen Tagen schreibt Klabund an «Irenes» Mutter: «Es kommt im Leben eines jeden Menschen die Zeit, wo er nicht mehr nach vorn, sondern nach rückwärts lebt.» Klabund muß dringend zurück nach Davos. «Seine Krankenschwester wird ihn runterbringen», kündigt Carola Neher Frau Poeschel an, «ich selbst hätte es natürlich am liebsten getan – aber ich spiele jeden Abend und muß auch dringend Geld verdienen.» Die folgenden Zeilen des Briefes zeigen noch unverhüllter die andere, fürsorgliche Seite dieser scheinbar so kühlen Schauspielerin. Hinter ihrem koketten, fordernden und selbstbewußten Auftreten hat Carola Neher ihre verletzliche, ängstliche und zärtliche Empfindsamkeit geschickt verborgen. Auch ihre Flirts haben wohl weit weniger gewogen, als es ihr ihre Verehrer nachgesagt haben. Billy Wilder, damals noch angehender Drehbuchautor und Journalist in Berlin, erzählt in seinen von Hellmuth Karasek aufgezeichneten Erinnerungen von seinen Erlebnissen als «Eintänzer» im «Eden» in der Budapester Straße und erwähnt dabei auch, daß er mit «der großen Schauspielerin Carola Neher ... gegen Entgelt getanzt» habe. Bei ihrer meist betörenden Wirkung auf die Männerwelt kann man freilich kaum glauben, daß sie es nötig gehabt haben sollte, ihre Tänzer zu bezahlen – zumal Wilder berichtet (und mit einem Brief Klabunds auch belegt), daß er mit ihrem Ehemann befreundet gewesen ist. Die beiden hatten sich im «Romanischen Café» kennengelernt, und Klabund hatte Wilder geraten, sich für seine Tätigkeit als Eintänzer ein Zeugnis ausstellen zu lassen. Eigentlich wollte Wilder nur eine Reportage für seine Zeitung verfassen. Wie dem auch sei – da Carola alles andere als ein Kind von Traurigkeit war, haben sich die beiden wohl einfach beim gemeinsamen Tanz miteinander amüsiert. Auch wenn sie sich nach außen hin den Männern zu unterwerfen vorgab – ihre Souveränität und Freiheit hat sie unter allen Umständen verteidigt. Dabei half ihr übrigens auch die veränderte Rolle der Frau in den zwanziger Jahren. Mit Bubikopf und androgyner Kleidung war inzwischen ein neuer Frauentypus modern geworden, der auf dem Berliner Parkett mit selbstbewußter Dominanz auf sich aufmerksam machte und so gar nichts mehr mit dem Frauenklischee der Vorkriegszeit zu tun haben wollte. Bert Brecht insbesondere konnte von Carola Nehers Drang nach Selbständigkeit ein Lied singen. Zu keinem Zeitpunkt hat sie sich in die Reihe seiner ergebenen Verehrerinnen und Mitarbeiterinnen eingliedern lassen. Schließlich hatte sie ja auch von Kindesbeinen an lernen müssen, sich zu wehren, ihren Weg ohne fremde Hilfe alleine zu gehen.

Als sie endgültig erkennt, wie schlecht es um ihren Mann nun bestellt ist, nimmt ihre Sorge um ihn überhand: «Halten Sie ihm doch ein Zimmer frei, er würde sich doch irgendwo anders nicht wohl fühlen. Ich bitte Sie von ganzem Herzen darum. Und noch eine Bitte: Dringen Sie doch in ihn, daß er sofort zum Arzt geht, vielmehr der Arzt zu ihm kommt, und er dauernd in Behandlung bleibt, ganz energisch Liegekur macht und in erster Linie seiner Gesundheit lebt. Ich habe so viel Sorge und Kummer um ihn, er ist sehr elend.» Dann folgen offene Worte: «Ich würde am liebsten mitkommen, aber es ist gut für ihn, wenn er eine Zeitlang allein ist, und lebt wie er will, und ohne mich, denn diese Ehe ist für ihn sicher ebenso anstrengend gewesen [!], als für mich, nur sagt er es nicht. Ich werde ihn dann nach einiger Zeit besuchen.»

Am 15. Januar 1928 wollte er reisen, aber bereits einige Tage früher ist die Fahrt nach Davos nicht mehr aufzuschieben: es geht ihm täglich schlechter. Ein Brief an den Mentor «Unus» verschweigt wie stets alle Einzelheiten seines Leidens: «...ich bin in Davos-Dorf, Stolzenfels, und bleibe vorläufig hier. Herrliche Sonne, man kann stundenlang von 11–4 ohne Decken im Freien liegen.»

Carola Neher spielt und probt derweil in Berlin, sie steht vor der Uraufführung von Arnolt Bronnens «Katalaunischer Schlacht» am Staatlichen Schauspielhaus. Mit Bronnen, der bei der Aufführung seines Stückes auch Regie führt, hatten sie in den Münchner Jahren – dessen jedenfalls hat sich Bronnen später gerühmt – «engere Bande – allerdings nur für kurze Zeit» verknüpft. Während der Proben kommt es zum Zerwürfnis Bronnens mit dem Theater und wohl auch mit Carola Neher, danach schmeißt sie die Zusammenarbeit hin. Wenig später spielt sie bereits an Max Reinhardts Deutschem Theater die Eliza in Shaws «Pygmalion». Es wird ein triumphaler Erfolg.

Klabund kommt nach zwei Monaten aus Davos zurück, um seine Frau am Deutschen Theater zu sehen. Aber sein Zustand ist alarmierend. Er gleicht einem wandelnden Gespenst. Gleichwohl nimmt er, wie stets in Berlin, seine unruhigen Wanderungen durch das nächtliche Großstadtleben wieder auf, trifft sich in den Lokalen mit Freunden und Künstlern, achtet nicht auf seine geschwächte Konstitution. Einer seiner Freunde, der Berliner Redakteur Fred Hildenbrandt, berichtet von einer nächtlichen Begegnung: «Auf einem Berliner Kostümfest traf ich ihn, wie heimatlos mitten durch das bunte Gewühl streifend. Er war im Smoking, der um seinen abgemagerten Leib schlotterte. Hinter seinen dikken Brillengläsern irrten seine Blicke suchend umher. Er trug eine kleine kostbare weiße Damenhandtasche an sich gepreßt. Schweißtropfen standen an seiner Stirn. Er atmete kurz und heftig. Er suchte seine Frau. ‹Ich suche meine Frau schon die ganze Zeit … ich finde sie nicht. Ich möchte gerne nach Hause gehen. Sie kann ja hierbleiben …›» Fred Hildenbrandt erzählt, daß er Carola Neher, nachdem er die Tanzflächen abgesucht habe, in den Armen eines «Hamburger Zimmermanns» angetroffen und sie mit sanfter Gewalt zu Klabund zurückgeführt habe. «Die beiden brachen sofort auf. Sie sprachen kein Wort zusammen. Sie sagten auch nicht adieu.»

Klabunds letzte Tage in Berlin sind gezählt. Wenig später wird sein Zustand wieder so beängstigend, daß er nicht einmal mehr nach Davos reisen kann. Er wird in das Berliner Sanatorium Trautenau eingeliefert, wo er sich sogleich wieder in seine Arbeit stürzt. An den «Stolzenfels»-Freund Poeschel – Klabund hat das Ehepaar Poeschel in seiner Erzählung «Die Krankheit» als «Pneumo und Thorax» verewigt – schreibt er, wie immer seinen Zustand verharmlosend: «Ich liege (ein wenig) auf der Nase. Kriege plötzlich Temperaturen. Sehr hohe sogar, bis zu 39,8. Für einen relativ gesunden Menschen ist das zu viel. – Aber es geht schon wieder aufwärts (mit den Temperaturen) … Ich fahre in drei Wochen nach Brioni.»

Noch ist der Wunsch Vater des Gedankens. Seine Frau und alle, die ihn sehen, raten ihm dringend, diesen Urlaubsplan fallenzulassen und unverzüglich nach Davos zu reisen.

Noch immer verbindet sich mit dem Namen dieses Ortes die Gewißheit auf Rettung. Die beiden machen am 30. Mai noch einen Abschiedsbesuch bei Gottfried Benn, nehmen von da aus den Zug nach Zürich. Carola Neher will sich dort von ihrem Mann trennen, der nach Davos weiterfahren soll. Sie möchte alleine in den Süden reisen. Doch das geht über Klabunds Kräfte. Wie hatte der Dichter die «Silberfüchsin» sagen lassen: «... manchmal denke ich, du verdienst eine ganz andere Frau als mich – eine hingebende – ich kann mich nicht hingeben, denn wenn ich mich hingäbe, wäre ich verloren.» Wenn sie schon nicht in der Lage ist, sich ihm ganz hinzugeben und in der Not an seiner Seite zu bleiben, dann soll sie sich auch keinem anderen hingeben können. Klabund will daher nicht von seiner Frau weichen, er spürt, daß es die letzten gemeinsamen Wochen sind. Seine Gefühle sind die Motive seines Handelns, nicht die Vernunft – die hat über sein Handeln und den Umgang mit seiner Krankheit am wenigsten vermocht. «Plötzlich vor unserer Abreise [aus Zürich, M. W.] stehen seine Koffer mit dabei, und er sagte, er führe auch nach Brioni. Was konnte ich machen?» berichtet Carola Neher an Frau Poeschel. Und Klabund liefert den Grund dafür nach, daß er seine Frau nicht alleine weiterreisen lassen wollte und konnte: «Wir haben die ganze Saison so wenig voneinander, daß ich mich nicht trennen mochte ... Ich will momentan absolut nicht krank sein.» Er kündigt seine Wiederkehr nach Davos für «nächsten Winter» an und macht sich mit seiner Frau auf den Weg in den sonnigen Süden. Noch einmal, so hofft er, wird er mit ihr die schönen Sommermonate des Vorjahres aufleben lassen, in der Sonne liegen, Carolas Nähe genießen – und schreiben. Doch es ist eine Illusion. Mit Klabunds Konstitution ist es in diesem einen Jahr so sehr bergab gegangen, daß an einen behaglichen Erholungsurlaub nicht zu denken ist. Zwar weicht das Fieber, zwar übt auf ihn «Brioni auch wieder den gleichen Zauber aus wie im vorigen Jahr», aber an Baden ist so wenig zu denken wie an das vergnügliche Herumspazieren. Die meiste Zeit verbringt er, wie in Davos, auf dem Balkon seines Hotels im Liegestuhl. Carola Neher ist verzweifelt: «Ich finde doch, daß es ihm schon längere Zeit nicht besonders geht. Ich will auch unbedingt, daß er die ganze nächste Saison wegbleibt von Berlin, er geht nachts raus, rennt den ganzen Tag herum, telefoniert den ganzen Tag.» Sie selbst treibt in Brioni geradezu fanatisch Sport, angeblich nur, «um schlank zu sein. Ich habe nämlich 10 Pf. zugenommen und bin eine ‹ausgesprochen dicke Nudel› geworden.» Für Figur und Fitneß hat die disziplinierte Schauspielerin schon in Berlin viel getan. Bei einem Türken, der eine Boxschule leitet, hat sie sich mit vielen prominenten Kollegen regelmäßig zum Training getroffen. Das Bild, das sie mit ihm bei einem Boxkampf zeigt, dürfte für Fotografen gestellt sein – Carola Neher versteht es, für Medienwirksamkeit und Publicity zu sorgen –, aber in der Boxschule in der Passauer Straße übt man sich ja auch im Seilspringen und der Gymnastik. Leinwandstars wie Marlene Dietrich oder Vicki Baum gehen dort ein und aus. Hinterher trifft man sich im berühmten Theaterrestaurant «Schwanecke» mit Schriftstellern und Kritikern, Malern und Mäzenen. Das Künstlerleben kocht in dieser Stadt, und Carola, die nun endlich auch zu den ganz Großen gehört, will immer mitten im Gewühl stehen. Die Bande zu Bert Brecht werden bei solchen Gelegenheiten wieder enger geknüpft, er steckt voller ansteckender Pläne – und berauscht die umschwärmte Schöne mit seiner verführerischen Brutalität, die Klabund so sehr stört.

Die Tage in Brioni, die ein Ausruhen vom Berliner Pflaster bewirken sollten, entwickeln sich zur Tragödie. Im Juli fiebert Klabund schon wieder, er muß jetzt wirklich sofort zurück nach Davos, wo der Patient, krank auf den Tod, Mitte des Monats erschöpft eintrifft. Der Arzt diagnostiziert wieder einmal eine Lungenentzündung.

Carola Neher muß sich von ihrem Ehemann in Zürich trennen, um nach Berlin zurückzukehren. Dort erwarten sie die
Proben für jenes Stück, das ihren Ruhm ein für allemal fest-
schreiben sollte – und dabei ist sie bei der Premiere nicht
einmal mit dabei: Die «Dreigroschenoper».

Finis

Um die Entstehung der «Dreigroschenoper», dieses in kürzester Zeit zusammengeschriebenen Stückes, das die Welt erobern sollte, haben sich viele Legenden gebildet. «Gesindel» hatte der erste Arbeitstitel gelautet. Ernst Josef Aufricht wollte mit ihm sein neues «Theater am Schiffbauerdamm» eröffnen. Er hatte Brecht gebeten, ihm ein geeignetes Stück für einen glanzvollen Auftakt zu schreiben, und der hatte sich an die Bearbeitung der «Beggar's Opera» des Engländers John Gay gemacht, hatte seinen Freund, den Komponisten Kurt Weill, anstelle des von Aufricht vorgeschlagenen Theo Mackeben für die Musik gewinnen können und die Premiere für den 31. August vorbereitet. Erich Engel übernahm die Regie, Anfang August wurde mit den Proben begonnen. Carola Neher ist für die Rolle der Polly vorgesehen, Rosa Valetti übernimmt die Frau Peachum, Lotte Lenya die Jenny, Erich Ponto den Peachum, Harald Paulsen den Maceath. Die endgültige Fassung des Stückes kommt unter atemberaubendem Tempo zustande; noch während der Proben entwerfen Brecht und Weill die letzten Songs und Melodien. Daß der Titel «Gesindel» zuletzt in «Dreigroschenoper» umgewandelt wurde, ist Lion Feuchtwanger zu verdanken, dem einstigen Dramaturgen an den Münchner Kammerspielen und Verehrer Carola Nehers. Sie sei «die Idealbesetzung» für die Rolle der Polly gewesen, hat Aufricht in seinen Erinnerungen geschrieben, «eine Sumpfblüte unter dem Mond von Soho. Das flächige, regelmäßige Gesicht mit der Katzennase konnte ebenso lustig wie traurig sein. Sie war neben Lotte Lenya die beste Interpretin Brechtscher Texte und Songs von

Weill. Sie hatte die große Schnuppigkeit über dem Klirren eines zerbrochenen Herzens.» Und in der Tat bezeugen die überlieferten Aufnahmen der von Carola Neher gesungenen Songs eine unnachahmliche Meisterschaft: diese Mischung aus echter kindlicher Naivität und schwingender Musikalität, diese wahrlich klingende und dabei eisig vibrierende Stimme haben später viele Sängerinnen zu kopieren versucht, ohne das Vorbild zu erreichen. Natürlich konnte auch Aufricht nicht umhin, sich eines Flirts mit der Schauspielerin zu rühmen: «Lieben Sie mich?», so hat er behauptet, habe ihn die Neher einmal gefragt; «ja», habe er geantwortet, «auf der Bühne». Aufricht und Brecht wetteiferten wohl um die Gunst der attraktiven Dame – die Premiere allerdings mußte ohne sie stattfinden.

In Davos sehen die Ärzte und alle Bewohner der Pension Stolzenfels auf einen Blick, daß Klabund nicht nur ein weiterer Anfall von Lungenschwäche ereilt hat. Aber noch immer läßt sich der Patient nichts anmerken. «Herzlichsten Gruß aus Davos», beginnt er eine Karte an die Eltern in Crossen. Dann jedoch folgen Zeilen, die jedem, der Klabund genauer kennt, sofort verraten, wie sehr die freundliche Normalität nur noch Maske ist: «Ist es Euch nicht möglich, sagen wir innerhalb 8–10 Tagen nach Davos zu kommen? Ihr sitzt von Berlin bis Landquart (1 Stunde nach Davos) im selben Wagen (Schlafwagen). Ich lade Euch herzlichst ein.» Noch nie hat er in Davos nach seinen Eltern gerufen, weswegen er ihnen nun zum ersten Mal den Reiseweg beschreiben muß.

Bei der zuerst diagnostizierten Lungenentzündung bleibt es nicht. Eine Hirnhautentzündung kommt hinzu, als Folge einer Lungenblutung. Das Fieber steigt und steigt. Klabund bittet, daß man seine Frau benachrichtige. Sie verläßt die Proben zur «Dreigroschenoper» auf der Stelle und reist überhastet nach Davos. Die Eltern von «Irene» alarmiert sie: «Bitte beten Sie für ihn.» Während sie am Krankenbett

155

wacht, wird sie immer wieder von den drängenden Telefon-
anrufen Brechts verfolgt, der seine Premiere gefährdet sieht
und ungeduldig auf Carolas Rückkehr drängt. Am 13. August beginnt Klabunds letzter Kampf mit dem Tod. Er fällt in
Bewußtlosigkeit. Die Eltern haben sich überstürzt zur Reise
entschlossen, aber erst für die Nacht vom 14. auf den 15. August einen Schlafwagen gebucht. Carola Neher – so hat sie es
Guido von Kaulla erzählt – fühlt sich als alleinige Bewache-
rin im Krankenzimmer überfordert und bittet den Arzt, sie
nicht mehr zu verlassen. In der Nacht treten außer ihm noch
eine Krankenschwester und Dr. Poeschel hinzu. Sie alle wissen: Es sind die letzten Stunden des Dichters. Am darauffol-
genden Morgen, beinahe um die gleiche Stunde wie Thomas
Manns Davoser Patient Joachim Ziemssen, ist Klabund tot.
Seine Eltern treffen erst einen Tag später ein.

«Ich würde sterben, hätt ich nicht das Wort», hat Klabund
einmal gesagt. Nun hatten auch die Worte nichts mehr ge-
nützt – der Kampf gegen das Unvermeidliche, den er so lange
beherzt und mit eiserner Entschlossenheit führte, ist verloren. Knapp achtunddreißig Jahre hatte dieses Leben gedauert, das nach Klabunds eisernem Willen in der Liebe und
in der Dichtung seine Erfüllung finden sollte. War ihm diese
Erfüllung gegönnt? Daß er sich das scheinbar so leichthin
geschriebene Werk diesem schwächlichen Körper in harter
Arbeit abgerungen hatte, machen die Zeilen deutlich:

> Wenn ich gehe zu Gott
> Trag ich in Händen das Wort ...
> Nimm es zurück. – Und schaff
> Leicht mir die Hände und leer.

Schon wenige Tage später werden die Überreste in Davos
eingeäschert. Eine Flut von Telegrammen und Beileidsbrie-
fen trifft in der Pension Stolzenfels ein.

Unter den unzähligen Nachrufen, die in diesen Tagen in

allen deutschsprachigen Zeitungen erscheinen, verdient einer besonders hervorgehoben zu werden, jener von Carl von Ossietzky. Als «letzten freien Rhapsoden, der Letzte aus dem Geschlecht dichtender Vaganten» bezeichnet er den Verstorbenen in der «Weltbühne». «Seine Begabung war unruhig und zuckend; in Beweglichkeit und Maskenkunst ohne Grenze. Es floß immer in einem schmalen Bändchen alles durcheinander: Heine, Rimbaud, Exoten, Rudolf Baumbach, Wedekind, Eichendorffs Mondscheinlyrik und Dialektwitz; Pathos, Melancholie und Biertischzote. Aus dem Einfall wurde blitzschnell Rhythmus, Wort, Refrain ... Er hatte keine Zeit und wußte es ... Von seinen siebenunddreißig Jahren waren zwanzig eine rohe, handgreifliche Auseinandersetzung mit dem Tode. Ewige Flucht ins Sanatorium, Flucht vor dem kühlen Luftzug, Erbeben vor einem kleinen Kratzen im Halse, das den nächsten Anfall anzeigt.» Ob von Ossietzky auch recht hatte mit der Annahme: «Vieles von dem eilig Hingedichteten wird verwehen, trotzdem mehr übrig bleiben als von den meisten bändereichen Lyrikern seit Heinrich Heine.

Am Nachmittag des 9. September wird Klabunds Urne in einem Ehrengrab auf dem Crossener Bergfriedhof beigesetzt (das Grab wurde während des Zweiten Weltkrieges zerstört). Am Grab stehen neben Carola Neher Klabunds Eltern und zahlreiche Freunde, viele davon aus seiner Heimatstadt. Gottfried Benn, als «des Toten ältester Freund und märkischer Landsmann unter den schriftstellernden Kollegen», hält eine lange Totenrede. (Sie ist auf einer Schallplatte festgehalten.) Er sagt darin: «Die Dichter sind die Tränen der Nation ... Gegen eine Welt der Nützlichkeit und des Opportunismus, gegen eine Welt der gesicherten Existenzen, der Ämter und der Würden und der festen Stellungen, trug er nichts als seinen Glauben und sein Herz ... Unser Freund hier suchte nach Göttern in allem Ton.»

«Die Dichtung ist nicht die Vorstufe zu einem seligen Jenseits, sie ist dieses Jenseits selbst» – Klabunds flammendes Bekenntnis in seiner liebenswert-eigenwilligen «Geschichte der Weltliteratur in einer Stunde» bezeugt, daß er sein Leben – trotz aller Vergeblichkeit – erfüllt fand: «Ich war gut. Ich war schlecht. Ich war schön und häßlich; liebreizend und entsetzlich, feige und tapfer, herrisch und knechtisch.» Benn erinnerte bei einer anderen Gelegenheit daran, daß er gemeinsam mit Klabund einmal gelesen habe, was Chopin an seinem Todestag niederschrieb: «Meine Versuche sind nach Maßgabe dessen vollendet, was mir zu erreichen war.» Diese Worte gelten auch für Alfred Henschke, den – wie Chopin – lungenkranken Dichter Klabund.

Epilog
Die Silberfüchsin in der Falle

«Wir Schauspielerinnen sind erst auf der Bühne in unserem Element – wir stolpern nur im Leben», hat Carola Neher einmal einer Berliner Zeitung gegenüber geäußert. Jahrelang hat sie sich an die Spitze des deutschen Theaters gekämpft. Ihre Jugend war alles andere als leicht gewesen, aber von dem Augenblick an, da ihr der eigensinnig inszenierte Sprung auf die Bühne des Kurtheaters von Baden-Baden gelang, war ihre Karriere einem steilen Weg nach oben gefolgt. Und trotz der kurzen, gefährlichen Krankheit des Jahres 1925 schien auch ihr privates Leben seither nur vom Glück begleitet gewesen zu sein. Der Einschnitt nach dem Tode ihres Mannes traf die junge Frau um so furchtbarer. Sie hatte schließlich gelernt, mit seinem Leiden angemessener umzugehen als in den ersten beiden Jahren ihrer Ehe. Zweifel und Selbstvorwürfe, ob sie sich ihm gegenüber schuldig gemacht und seine Bedrohung nicht genügend ernst genommen hatte, konnten dennoch nicht ausbleiben. Es gab nur ein einziges Rezept gegen die schwere psychische Krise, in die sie nun geraten war: das Theaterspielen.

Schon am 18. August 1928 reist sie zurück nach Berlin, wo sie von Brecht und Aufricht ungeduldig erwartet wird. Am 31. August soll die Premiere der «Dreigroschenoper» stattfinden. In einem hochgeschlossenen schwarzen Kleid nimmt sie die Proben wieder auf. Aber ihr Gemütszustand ist verheerend. Zweimal sei sie bei den Proben ohnmächtig geworden und der Arzt habe ihr jede Weiterarbeit verboten, berichtet sie an Frau Poeschel, mit der sie weiter korrespondiert. Aufricht hat von diesem Zustand in seinen Erinnerun-

159

gen nichts erwähnt, sondern behauptet, Carola Neher habe eine Woche vor der Uraufführung die Rolle der Polly endgültig zurückgegeben, mit der Begründung, «sie spiele nicht, die Rolle wäre zu klein». Der Journalist und Filmregisseur Geza von Cziffra dagegen hat sie nach ihrer Rückkehr als «ein verzweifeltes, kleines Nervenbündel» erlebt. In Wahrheit habe sie die Proben fluchtartig verlassen, weil sie Brechts Songs, «die er zum größten Teil von François Villon abgeschrieben hatte», «einfach nicht mehr hören konnte». Guido von Kaulla, ihr ritterlicher Bewunderer der folgenden Jahre (sie hilft ihm bei seinen Vorbereitungen für eine Dissertation über Klabund), spricht von ihrem «Angewidertsein» nach Brechts drängenden Anrufen in Davos. Sie habe in seiner Gegenwart nicht mehr spielen können – so Carola Nehers Version. Die Wahrheit war wohl vielschichtiger. Wie dem auch sei, die Rolle muß im letzten Augenblick umbesetzt werden, und statt Carola übernimmt ihre Freundin und Kollegin Roma Bahn ihren Part. Der ungeheure Erfolg der Premiere ist bekannt. Als Carola Neher die Aufführung später sieht, weiß sie, was ihr entgangen ist. Aber auf sie warten neue Verpflichtungen. Im Oktober spielt sie bei Reinhardt in Walter Hasenclevers neuem Stück «Ehen werden im Himmel geschlossen», im Januar 1929 «Soeben erschienen» von Edouard Boudet, eine Satire auf den Literaturbetrieb. Erst im Mai 1929 kann sie die Scharte des Vorjahres auswetzen: sie hat es erreicht, an Stelle von Roma Bahn doch noch die Polly zu spielen, und ihr Erfolg verursacht Aufsehen. Nun steht, so hat es Herbert Ihering festgehalten, «im Mittelpunkt die Polly Peachum von Carola Neher. Aus einer manchmal drolligen, manchmal matten Zufallsschauspielerin» sei «eine witzige, genaue, prägnante Darstellerin geworden. Eine verblüffende Wandlung.» Sie wird bis heute *die* unübertroffene Idealbesetzung der Polly bleiben. Friedrich Hollaender jubelt: «Ich habe sie noch nie so abgetönt, so vollendet, so souverän gesehen. Sie ist auf dem Wege, eine allererste Schauspielerin zu werden. Sie singt ihre Chansons mit einem Charme und einer Diskretion, die die Zuhörer hinrissen.» Alfred Kerr schwärmt von der «hinreißend-lieben, zaubersüßen, volks-einfachen Menschenblume», und der Kritiker Manfred Georg sah «eine Leistung Carola Nehers, die das Überraschendste darstellt, was im Bereich der Möglichkeiten Berliner Bühnen lag. Sie gab dem Stück, was Brecht ihm schuldig blieb: eine Atmosphäre menschlicher Fülle, Laune, Heiterkeit, Gelöstheit und einen Schwung, der das Publikum begeistert mitriß.» Sie spielt die Polly auch in dem Film von 1931, unter der Regie von G. W. Pabst, von dem sich Brecht noch vor Abschluß des Drehbuchs – wegen der Abweichungen verärgert – zurückgezogen hatte. Auch in der von Brecht nachgeschobenen Fortsetzung «Happy End» übernimmt sie die eigens für sie geschriebene Hauptrolle der Lilian Holiday. Schließlich schreibt Brecht für sie noch «Die Heilige Johanna der Schlachthöfe». Das Stück kommt trotz eines Versprechens von Gustaf Gründgens gegenüber Brecht wegen der Zeitumstände nicht mehr auf die Berliner Bühne, aber in einer grandiosen (glücklicherweise überlieferten) Hörspielfassung in den Berliner Rundfunk. Carola Nehers «blecherne» und singende Stimme, aber auch Fritz Kortners lakonischer Fleischkönig Mauler machen diese Bearbeitung zu einem Hörgenuß von grimmiger Modernität.

Von nun an wird Carola Neher noch einmal mit Rollenangeboten überhäuft. Sie kann es sich auch – als einzige der Frauen um Brecht – leisten, diesem nach seiner Verheiratung mit Helene Weigel (daß sie davon so betroffen war, läßt erkennen, daß ihre Bindung zu ihm tiefer reichte) ihre ganze Wut zum Ausdruck zu bringen: als Brecht, der frisch verheiratete Ehemann, ihr einen Blumenstrauß überreicht (den er sich von einem Freund besorgen ließ, um sie zu beschwichtigen), schlägt sie ihm «die Blumen um die Ohren und ist weggegangen». Eine andere Brecht-Freundin, Ruth Berlau, die das in ihren Erinnerungen überliefert hat, merkt dazu ge-

Sie hat es doch noch geschafft: Nach dem Tod von Klabund spielte Carola Neher (hier mit Hermann Thimig) endlich die für sie geschriebene Rolle der Polly in der «Dreigroschenoper».

«Und weiß ich auch nicht, woher dein Brautkleid stammt...» – Carola Neher, Rudolf Forster (M.) und Reinhold Schünzel in dem Film «Die Dreigroschenoper» (1931), von dem sich Brecht noch vor Abschluß des Drehbuchs distanzierte.

streng an: «Carolas Verhalten nach Brechts Heirat war dumm. Für Brecht bedeutete es doch gar nichts, ob man mit Papier und Stempel verheiratet ist ... Sie hat sich rächen wollen und private Beziehungen und Arbeit nicht auseinandergehalten.»

Carola Neher erhält ihre erste größere Filmrolle in dem französischen Streifen «Zärtlichkeit», wirkt auch wieder in einer Revue am Deutschen Künstlertheater mit («Ich tanze um die Welt mit dir»), spielt wieder bei Barnowsky Boulevard und die Marianne in der Uraufführung von Ödön von Horváths «Geschichten aus dem Wienerwald» an Reinhardts Deutschem Theater (Regie Heinz Hilpert, mit Paul Hörbiger, Hans Moser, Lucie Höflich, Peter Lorre u. a.). Diese Rolle wird, neben der Polly, ihr größter Berliner Erfolg. Entschlossen bekämpft Carola Neher mit ihren Bühnenauftritten den Schmerz ihres Verlustes – als sie erneut einen Mann kennenlernt, mit dem sie eine zeitweilig intensive, dann aber auch grimmig kampfbetonte Verbindung eingeht: den Dirigenten Hermann Scherchen. Der überaus gewinnende Herzensbrecher, zu dem, wie Elias Canetti in seiner Lebensgeschichte «Das Augenspiel» berichtet, die Frauen «förmlich hinein*dirigiert* und dann fallengelassen wurden», fand in Carola Neher, wie vor ihm schon Klabund, seinen Meister. Die Liaison war nicht von langer Dauer (schon gar nicht handelt es sich um eine Heirat, wie gelegentlich behauptet wurde). Bald hatte sie nur noch «Verachtung für ihn». «Eine ganze Nacht lang versuchte er sie von der Trennung zurückzuhalten, sie war von unverwirrbarer Zähigkeit und gab seiner physischen Attacke fluchend nach ... Schließlich, es wurde schon Morgen, glaubte er, sie bezwungen zu haben, denn sie schlief ein. Er sah sie noch befriedigt an, bevor er selber einschlief. Als er aufwachte, war sie verschwunden und kam nie wieder ...»

Carola Neher hatte einen besonderen Grund, sich von Scherchen zu lösen, sie hat inzwischen einen anderen Mann kennengelernt, jünger als sie selbst – dieser sollte ihrem Leben bald eine verhängnisvolle Wende geben.

1930, ein Jahr nachdem er Helene Weigel geheiratet hat, empfiehlt Bert Brecht in einem Gedicht «Rat an die Schauspielerin C. N.» – zu der er seit ihrem Ausbruch aus der «Dreigroschenoper» ein immer kühleres, nun zwischen Verehrung und Distanz unsicher schwankendes Verhältnis hat –:

> Erfrische dich, Freundin
> an dem Wasserkessel aus dem Kupferkessel mit den Eisstücken
> – öffne die Augen unter dem Wasser, wasche sie –
> Trockne dich ab mit dem rauhen Tuch und lies
> Vom Blatt an der Wand die schwierigen Zeilen der Rolle.
> Wisse, das tust du für dich und tue es vorbildlich.

Sie bedurfte dieses Ratschlags nicht, denn ihren Beruf hat sie bis dahin noch immer ernster genommen als alles andere. Wenig später jedoch, sie hat sich – möglicherweise angeregt durch Brecht – an einer kommunistischen Arbeiterschule zum Unterricht in russischer Sprache angemeldet, verliebt sie sich dort in ihren Lehrer, einen blendend aussehenden deutsch-rumänischen Ingenieur, der sich sein Geld als Sprachlehrer verdient. Die «Goldenen Jahre» sind nach der Weltwirtschaftskrise endgültig zerstoben. Die Zeiten werden nun auch für Carola Neher glanzloser. Obgleich alles andere als rational-politisch denkend, ist die Schauspielerin von der Begegnung mit dem jungen Kommunisten äußerst fasziniert. In Deutschland mehren sich die Zeichen für Hitlers Griff nach der Macht. Seit 1930 muß Reichspräsident von Hindenburg mit Notverordnungen in die Geschäfte der schwachen Regierung Brüning eingreifen. Der Einfluß der Deutschnationalen auf das Klima der Republik nimmt beängstigende Formen an. Die NSDAP erzielt bei den Reichstagswahlen erhebliche Stimmengewinne, ihre Abgeordneten ziehen im Gleichschritt und in braunen Uniformen in den

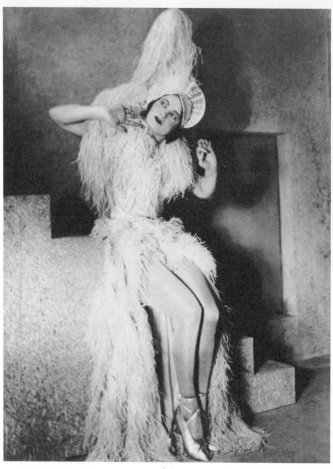

Zu den Vorzügen der Schauspielerin Carola Neher gehörte ihre Wandlungsfähigkeit. Sie bewegte sich wie selbstverständlich in den unterschiedlichsten Rollen und Sparten; Szene aus der Revue «Ich tanze um die Welt mit dir», 1930.

Der Dirigent Hermann Scherchen hatte nach Klabunds Tod mit Carola Neher eine kurze, aber heftige Affäre. Sie verließ ihn abrupt. «Er verwand es nicht und konnte nicht mehr arbeiten», berichtete Elias Canetti.

Reichstag ein. 1932 verdoppelt sich beinahe die Zahl ihrer Reichstagsmandate, und am 30. Januar 1933 – das Ausmaß der Arbeitslosigkeit hat mittlerweile die Rekordzahl von nahezu sechs Millionen erreicht – ist Hitler am Ziel. Das Deutschland der Klabund und Tucholsky, Reinhardt und Piscator, alle kühnen künstlerischen Träume der Republik sind zerschlagen.

Das Berliner Theater hat die unheilvolle Entwicklung vor der Katastrophe wie ein Seismograph aufgezeichnet. Schon 1929 wird ein Stück der Brecht-Freundin Marieluise Fleißer «Pioniere in Ingolstadt» nach der Premiere vom Spielplan des «Schiffbauerdamm-Theaters» abgesetzt. Zeitungen sprechen von «hysterischen Unverfrorenheiten» und nennen es «ein Drecksdrama». Der Polizeipräsident von Berlin verbietet jede weitere Aufführung. Aber nicht nur in Deutschland stehen jetzt die Zeichen auf Sturm. In Moskau, dem Mekka des Sozialismus, hat Josef Stalin damit begonnen, die Partei von «Volksfeinden» zu «säubern». Die deutschen Intellektuellen haben es kaum bemerkt. Viele von ihnen nehmen ihm, von den innersowjetischen Machtkämpfen unberührt, weiterhin ab, daß seine «Revolution von oben» seinem Land – und eines Tages vielleicht der ganzen Welt – eine segensreiche wirtschaftliche und soziale Erneuerung bescheren wird. Der Kommunismus übt auch auf liberal Gesinnte eine geradezu erotische Anziehungskraft aus. Zeigen die Umbrüche in der Sowjetunion nicht wirklich die einzige humane Alternative zu den vom Faschismus benebelten Staaten Westeuropas? Seit ihrer Begegnung mit Ödön von Horváth anläßlich der Aufführung von «Geschichten aus dem Wienerwald» ist auch Carola Neher von den Schalmeienklängen aus Moskau angesteckt. Ihr neuer Freund Anatol Becker bestärkt sie darin leidenschaftlich. Noch eben rechtzeitig vor Hitlers Machtantritt reist sie mit ihm zuerst nach Wien, um nach einer neuen Rolle Ausschau zu halten. Von dort aus fahren die beiden nach Prag weiter, das vielen Flüchtlingen vor der braunen «Bewegung» als Anlaufstation für eine neue Existenz dient. Nach Berlin können und wollen die beiden vorerst nicht zurückkehren. Der Beginn des «Dritten Reiches» erscheint ihnen allerdings, wie den meisten anderen Flüchtlingen, nur als Episode, vor der man ins Ausland ausweichen kann. Ihr vorläufig letztes Ziel ist die Sowjetunion. «Schöner als hier ist es vielleicht», antwortet sie ahnungslos der Kollegin Else Eckesberger auf deren Frage, was sie dort wolle. In Prag darf sie im November 1933 noch einmal ihre Paraderolle der Eliza in Shaws «Pygmalion» am dortigen Deutschen Theater übernehmen. Die Presse feiert den Auftritt als «ein schauspielerisches Ereignis der besonderen Art».

Dort treffen Carola Neher und Anatol Becker auch mit einem ehemaligen Mitglied der KP zusammen, dem «trotzkistischen Abweichler» Erich Wollenberg. Er gibt ihnen die Adresse eines befreundeten, in Moskau lebenden Ehepaares und einen Brief an sie mit auf den Weg. In Moskau angekommen, besuchen sie die Adressaten, den Münchner Landsmann von Carola Neher Hermann Taubenberger und seine Frau. Das Paar aus Berlin – die Hinweise darauf, ob und wann die beiden inzwischen geheiratet haben oder nicht, sind widersprüchlich – findet erst nach endlosem Herumirren eine trostlose, ärmliche Wohnung vor den Toren der Stadt. Carola Neher, der verwöhnte Star aus Berlin, der mangels ausreichender Einrichtung fürs erste auf dem Boden schlafen muß, bewirbt sich erst einmal beim Moskauer Rundfunk um eine Mitarbeit, die ihr in eingeschränktem Maße auch gestattet wird. In einem Literaturblatt, das der Journalist und Redakteur der «Prawda» Michael Kolzow herausgibt, darf sie einige kleine Artikel über deutsche Schauspieler schreiben. Aber das Erwachen aus dem Traum von einem neuen Anfang als Schauspielerin ist brutal. Carola Neher ist in Moskau nur noch ein mattes, nervlich labiles Abbild aus besseren Tagen und einer anderen Welt.

Vor Enttäuschung überhäuft sich das Paar schon bald nach

Anatol Becker, Carola Nehers zweite große Liebe und Vater ihres Sohnes Georg. 1936 wurde Becker in Moskau erschossen. Wenig später wurde auch Carola Neher verhaftet und zu zehn Jahren Gefängnis verurteilt.

Der Denunziant: 1919 trat der Autor und Schauspieler Gustav von Wangenheim mit Klabund bei der Wiedereröffnung des Kabaretts «Schall und Rauch» in Berlin auf. 1936 lieferte er Carola Neher ans Messer.

der Ankunft in Moskau mit gegenseitigen Vorwürfen über die unerquickliche Schicksalsreise – und geht getrennte Wege. Gemeinsam kamen sie, von Beckers ideologischer Begeisterung ins Ungewisse gelenkt, nach Moskau, einzeln und ernüchtert suchen sie nun ihren Weg in der fremdartigen Metropole des Sozialismus. Das ist für die Schauspielerin um so schmerzlicher, als ihr der Weg zum Theater erst einmal versperrt bleiben muß: sie ist von Anatol Becker schwanger. Der hilfsbereite Freund Kolzow besorgt ihr ein Zimmer im Hotel Savoy, das sie jedenfalls nicht bezahlen muß. Kurz vor der Geburt ihres Kindes reist sie noch einmal nach Prag und besucht dort ihren alten Freund Wollenberg, der ihr wieder eine Nachricht für das Ehepaar Taubenberger übergibt, vermutlich nur des Inhalts, die beiden sollten sich um das Kind kümmern. Nach ihrer Rückkehr nach Moskau im Dezember 1934 wird ihr Sohn Georg geboren.

Es ist das Jahr, das im Moskauer Sommer den «1. Allunionskongreß der Schriftsteller» unter dem Ehrenvorsitz des populären, verschwenderischen Wohlstand und soziale Parolen wie selbstverständlich miteinander vereinenden Maxim Gorki bringt. Stalin erweckt mit diesem aufwendig inszenierten Spektakel den Anschein, als ob er die Künstler jetzt als wichtige Kraft im Ausbau des Sozialismus benötigt – gerade auch die nichtdogmatischen Idealisten unter ihnen. Aus der ganzen Welt sind Autoren wie Louis Aragon, André Malraux, Ernst Toller, Oskar Maria Graf, Gustav Regler, Theodor Plivier und Klaus Mann herbeigeeilt – ihre Hoffnungen tragen sie auf einer einzigen Woge der Emphase dahin. Die Einheit von Geist und Macht, die Hitler in Deutschland so einseitig pervertiert, scheint allein in der Sowjetunion möglich. Kunst und Propaganda scheinen unter dem Banner des Sozialismus keine Gegensätze mehr; durch das gemeinsame Ziel eines neuen Menschen sollen sie fortan Gefährten im Geiste sein.

Auch Carola Neher, obgleich noch immer mehr von Emotionen als von politischen Analysen geleitet, ist von dieser Symbiose begeistert. Sie unterschreibt im September 1934 einen von KPD-Sympathisanten formulierten Aufruf zur Nationalitäts-Entscheidung des Saarlands. In einer «Bekanntmachung» vom 3. November 1934, veröffentlicht im «Deutschen Reichsanzeiger und Preußischen Staatsanzeiger», wird neben Autoren wie Willi Bredel, Leonhard Frank, Wieland Herzfelde, Alfred Kantorowicz auch «Henschke (Klabund), Carola, geborene Neher, der deutschen Staatsangehörigkeit für verlustig [erklärt], weil sie durch ein Verhalten, das gegen die Pflicht zur Treue gegen Reich und Volk verstößt, die deutschen Belange geschädigt» habe.

Jetzt sitzt die «Silberfüchsin» in der Falle. Immerhin darf sie gelegentlich als Regieassistentin in der Filmgesellschaft «Meshrapom» arbeiten und Schauspielunterricht in einer deutschen Emigranten-Theatergruppe geben. Sie tritt als Sängerin und Rezitatorin in deutschsprachigen Kreisen auf. Als Bert Brecht im Mai 1935 gemeinsam mit Erwin Piscator, Wieland Herzfelde und ihrem Schauspielerkollegen Alexander Granach Moskau besucht, wirkt sie bei einem Brecht-Abend als Rezitatorin mit. Es folgt ein Gedenkabend für Erich Mühsam, wozu dessen in Moskau lebende Witwe Zenzl, mit der sie sich befreundet, eingeladen hat. Unter den kommunistischen Emigranten glaubt sie, eine neue Heimat gefunden zu haben. Ihr Baby wird weitgehend vom Ehepaar Taubenberger betreut, damit sich die Schauspielerin um Aufträge und Arbeit bemühen kann. Sie ahnt nicht, daß sich um ihren Hals längst eine tödliche Schlinge gelegt hat.

Der Aufbruch in eine ideale Welt der Versöhnung von Geist und Macht wird schnell von einer grimmigen Realität gebremst. Stalins Schauprozesse gegen «Abweichler» beginnen. «Um weiteren Missetaten vorzubeugen, haben wir die unerfreuliche Pflicht auf uns genommen, diese Herrschaften zu erschießen», sagt Josef Stalin in einem Gespräch mit Romain Rolland am 28.Juni 1935 (die stenographische Niederschrift ist erst 1996 gefunden worden). Unter anderem wegen des absurden Vorwurfs, mit Hermann Taubenberger und anderen ein Attentat auf Stalin und Woroschilow auf dem Roten Platz vorbereitet zu haben, wird Anatol Becker im Mai 1936 verhaftet, gefoltert – und 1937 erschossen. Auch Hermann Taubenberger wird später liquidiert, seine Frau nach Sibirien verschleppt. Im September tagt in einer geschlossenen Versammlung der deutschen Kommission des Sowjet-Schriftstellerverbandes ein Inquisitionstribunal mit dem Ziel, «Volksschädlinge» aufzuspüren und sie der Liquidation zu überantworten. Die Gespräche werden vom NKWD abgehört und protokolliert. Zu den Ereiferern und «Reinigern» zählen nicht nur prominente deutschsprachige Schriftsteller wie Willi Bredel, Georg Lukács, Julius Hay oder Friedrich Wolf, sondern auch jener Schauspieler und Regisseur Gustav von Wangenheim, der mit Klabund im Dezember 1919 an der Eröffnungsvorstellung des Kabaretts «Schall und Rauch» im Großen Schauspielhaus in Berlin teilgenommen hatte, wo er Pierrot-Lieder zur Musik von Werner Richard Heymann vortrug. Er war schon drei Jahre später der KPD beigetreten, hatte Agitprop-Stücke für kommunistische Theatergruppen geschrieben und war 1933 ebenfalls nach Moskau emigriert. Er bezeichnet in dieser Sitzung Carola Neher als «Frau von Scherchen, und wenn ich mich recht erinnere, war sie egalwegs schwanger mit Fehlgeburten». Anatol Becker nennt er einen «odiosen Spitzel wie er aussieht». Sie habe ihm von dem «Trotzkisten» Wollenberg «vorgeschwärmt», habe unter einer «Nervenzerrüttung» gelitten. Dem ganzen «Kreis Piscator, Neher, Busch» gegenüber sei «Wachsamkeit zu üben» … Schon im Juni hatte von Wangenheim bei einer Vernehmung behauptet: «Carola Neher halte ich für eine Abenteurerin, die ihrer ideologischen Einstellung nach mit der kommunistischen Partei nichts gemein hat. Ihre politische Einstellung ist antisowjetisch», ihr Mann sei ohnehin «eine dunkle Figur», und Carola Neher habe «für Wollenberg Leute angeworben».

Das genügte. Sieben Wochen später wird auch Carola Neher verhaftet und nach einem Schnellverfahren zu zehn Jahren Gefängnis verurteilt. Im Urteil heißt es, daß «Henschke, Karoline, als Bote zwischen dem in Prag befindlichen trotzkistisch terroristischen [!] Zentrum und einer kontrarevolutionären trotzkistischen Terrororganisation, welche der Trotzkist Wollenberg aus Emigranten in Moskau organisierte ... Botendienste» geleistet habe. Das habe die «Verurteilung zu zehn Jahren Gefängnis und die Beschlagnahme ihres gesamten Vermögens zur Folge. Das Urteil ist endgültig, einer Berufung wird nicht stattgegeben.»

Carola Neher gehört zu den beinahe vier Millionen Menschen, die zwischen 1930 und 1953 in der Sowjetunion wegen «konterrevolutionärer Umtriebe» verurteilt wurden. Etwa eine Million von ihnen kam allein bei den Säuberungen zwischen 1930 und 1940 ums Leben. Man schätzt heute, daß etwa 60 bis 70 Prozent aller deutschen Kommunisten, die freiwillig nach Moskau ins Exil gingen, diesen Säuberungen zum Opfer gefallen sind.

Eine – freilich eher spielerische – Schwäche, der wir schon früher begegneten, hat zu Carola Nehers Verurteilung beigetragen: ihr gelegentlich fahrlässiger Umgang mit der Wahrheit. In einem Lebenslauf hatte sie – wohl aus Gründen besserer Chancen in Moskau – angegeben, in Deutschland in die KPD eingetreten zu sein. Diese falsche Angabe wird ihr in der Anklageschrift als betrügerisch zur Last gelegt. Sie habe sich dieses Betruges für «schuldig» erklärt, auch habe sie gestanden, «von Wollenberg in Prag einen Brief zur Übergabe in Moskau an Taubenberger ...» angenommen zu haben. Die Aussagen von Anatol Becker hätten das bestätigt.

Aus Hitlers Deutschland ausgestoßen, in Stalins Sowjetstaat unter mörderische Räder geraten: die Frau, deren Welt die Bühne, die Theaterkarriere und die Liebe war – öfter wohl auch nur das Spiel mit ihr –, ist nun zum Spielball der Diktaturen geworden. Man darf vermuten, daß sich Carola Neher zu keinem Zeitpunkt ihrer zunehmenden Verstrickung in die Politik bewußt gewesen ist. Als sie zwischen Prag und Moskau die eine oder andere Botschaft hin und her trug, mag sie an vieles gedacht haben, nur nicht daran, daß sie sich damit selbst den politischen Strick um den Hals legte. Auch wenn sie nach Klabunds Tod, in den letzten Jahren der ersterbenden Weimarer Republik, unter dem immer stärkeren Einfluß von Brecht zu den linksliterarischen Zirkeln Berlins gehörte, in denen der Haß gegen den wachsenden Nationalsozialismus nur noch eine einzige Hoffnung übrigließ: die verführerische Utopie des Kommunismus hatte sie höchstens emotional geteilt. Durch den Zufall der Abwesenheit während Hitlers Machtübernahme war sie von einem Augenblick zum anderen an den Abgrund des ideologischen Fanatismus geraten. Die ahnungslose Reise nach Moskau war der Stolperstein, über den sie stürzte. Es wurde ein Sturz ins Bodenlose, bei dem sie die Liebe zu ihrem letzten Partner, ihre Karriere als Schauspielerin, ihr Kind und zuletzt auch das eigene Leben verlor. Ein letztes Foto von Carola Neher in Willi Münzenbergs Prager «Arbeiter-Illustrierten Zeitung» trägt die Unterschrift: «Ich hatte seit langem den Wunsch, ein Kind zu haben, aber drüben hatte ich nicht den Mut dazu. Erst in der UdSSR konnte ich den Wunsch in Erfüllung gehen sehen.»

Am 25. Juni 1936 wurde «Karoline Henschke» festgenommen. Der Sohn Georg war zu diesem Zeitpunkt eineinhalb Jahre alt. Bei Antritt der Haft mußte sie das Kind in einem Moskauer Kinderheim abgeben. 14 Jahre lang wurde es von einem Kinderheim ins nächste weitergereicht. Im Alter von sechs Jahren wurde es von einer Russin adoptiert, die das

Kind auf grausame Weise gequält und geschlagen hat. Seine Reise endete in einem Heim im Inneren Rußlands, viele Hunderte von Kilometern von Moskau entfernt, und zuletzt in Odessa. Erst nach Jahren konnte der Sohn einer deutschen Schauspielerin und eines bessarabischen Ingenieurs Einzelheiten seiner Identität erfahren und sogar mit Verwandten der Mutter in München Kontakt aufnehmen. 1975 konnte er endlich jenes Land verlassen, das seinen Eltern zur tödlichen Falle geworden war, und sich in der Bundesrepublik eine neue Existenz als Musikpädagoge an einem bayrischen Konservatorium aufbauen. Nach den Spuren seiner Mutter und seines Vaters hat er seither intensiv geforscht – ihm verdanken wir das Wissen um die entscheidenden Stationen von Carola Nehers letzten Lebensjahren. Erinnerungen an die Eltern hat er nicht. Nur aus Akten des KGB, die ihm nach Ende des Kommunismus in Moskau zur Verfügung gestellt wurden, konnte er sich einige Eindrücke vom Leben seiner Eltern und ihrem Schicksal als Opfer Stalins verschaffen.

Carola Neher mußte fünf sowjetische Gefängnisse unter grausigsten Haftbedingungen durchlaufen. Zu den Augenzeugen ihres Leidensweges gehören Margarete Buber-Neumann, die sie an der Jahreswende 1939/40 im Moskauer Buturki-Gefängnis antraf, und der Wissenschaftler Alexander Weissberg-Cybulski, der berichtet hat, daß die Neher auch im Gefängnis «noch immer eine reizvolle Frau» gewesen sei. Margarete Buber-Neumann hat erzählt, daß Carola Neher im Gefängnis ihren Mitgefangenen die Rolle der Marion aus «Dantons Tod» vorgespielt habe. Man hatte ihr die Haare geschoren, aber: «Gott, sah sie schön aus.» – «Mein Bett war neben dem von Carola. In diesen wenigen Wochen waren wir Freunde geworden ... Sie machte Zukunftspläne. ‹Vielleicht kann ich wieder mit Bert Brecht zusammenarbeiten.› Dann erzählte sie von ihrer ersten Ehe mit Klabund ...» Angebliche Offerten einer Entlassung für den Preis, in Deutschland für das NKWD Spitzeldienste zu leisten, soll sie abgelehnt haben.

Als Margarete Buber-Neumann 1940 an die Deutschen aus-
geliefert wird, wissen die beiden, daß es ein Abschied für
immer ist: «Als ich Carola umarmte, schluchzte sie: ‹Ich bin
verloren.› Das war das letzte, was ich von ihr hörte. Ich sah
sie nie wieder.»

Brecht hatte seinen lyrischen Ratschlag an «C. N.» später
noch um eine Strophe bereichert:

> Jetzt höre ich, du sollst im Gefängnis sein.
> Die Briefe, die ich für dich schrieb
> Blieben unbeantwortet. Die Freunde, die ich für dich anging
> Schweigen. Ich kann nichts für dich tun. Wie
> Mag dein Morgen sein? Wirst du noch etwas tun für dich?
> Hoffnungsvoll
> mit guten Bewegungen, vorbildlich?

Im Mai 1937 hatte Brecht an Lion Feuchtwanger geschrieben: «Könnten Sie etwas für die Neher tun, die in M[oskau]
sitzen soll, ich weiß allerdings nicht weswegen, aber ich halte
sie nicht gerade für eine den Bestand der Union entscheidend
gefährdende Person. Vielleicht ist sie durch irgendeine
Frauenaffäre in was hineingeschlittert. Immerhin ist sie kein
wertloser Mensch [!], und ich weiß nicht, ob sie das drüben
wissen, sie hatte keine rechte Gelegenheit, sich zu zeigen.
Wenn Sie nach ihr fragten, würde das schon nützen. Ich selber habe von niemandem eine Antwort erhalten, was ich
nicht schätze ... Ich werde immerfort ihretwegen um Aus-
kunft angegangen.» Feuchtwanger antwortet, er könne über
den Verbleib keine näheren Angaben machen. Im Juni fragt
Brecht noch einmal: «Sehen Sie irgendeine Möglichkeit, sich
beim Sekretariat Stalins nach der Neher zu erkundigen? ...
Wenn die N. sich tatsächlich an hochverräterischen Umtrie-
ben beteiligt hat, kann man ihr nicht helfen, aber man kann
vielleicht durch einen Hinweis auf ihre große künstlerische
Begabung erreichen, daß das Verfahren beschleunigt und ihr

Hat sich Lion Feuchtwanger (l.) bei Stalin für die Gefängnisinsassin Carola Neher verwendet? Feuchtwangers Bericht nach seinem Besuch in der Sowjetunion «Moskau 1937» ist allerdings eine peinliche Reverenz vor dem Terror der Schauprozesse.

Fall besonders geklärt wird … Es wäre mir allerdings recht, wenn Sie diese meine Bitte ganz vertraulich behandelten, da ich weder ein Mißtrauen gegen die Praxis der Union säen noch irgendwelchen Leuten Gelegenheit geben will, solches zu behaupten.» (!) (Günter Glaeser hat diesen Brief in seiner Ausgabe der Brecht-Briefe freilich mit der Bemerkung kommentiert: «…der hier wiedergegebene Text ist vermutlich nicht abgeschickt worden.»)

In einem kalten stalinistischen Traktat, dem Reisebericht «Moskau 1937» (dessen Nachdruck er nach dem Kriege wohlweislich verhindert hat), formulierte der «Humanist» Feuchtwanger eine menschenverachtende Bemerkung nach der anderen. Dort bezieht er sich auch auf die stalinistische Parole: «Detaillierte Indizien, Dokumente, Zeugenaussagen, mögen den Juristen, den Kriminalisten interessieren, unseren Sowjetbürger hätten wir durch die Aufrollung vieler Details nur verwirrt.»

«Der große Psychologe Stalin» habe das Wunder bewirkt, daß die Stadt «Zufriedenheit und Einverständnis, mehr als das: Glück» geatmet habe.

Carola Nehers letzter bekannter Brief stammt vom 20. März 1941. Sie bittet darin das Kinderheim, in dem sie ihren Sohn abgeben mußte, um nähere Auskünfte: «Da ich beinahe eineinhalb Jahre von meinem Sohn nichts erfahren habe, möchte ich bitten, mir folgende Fragen zu beantworten: wie geht es meinem Sohn, physisch und geistig? Was macht er? Lernt er schon lesen und schreiben? … Ob er sich wohl noch an seine Mutter erinnert? Ich möchte Sie bitten, mir ein Foto von ihm aus letzter Zeit zu schicken. Ob er wohl musikalisch ist? Zeichnet er auch? Wenn ja, dann schicken Sie mir doch bitte eine Zeichnung von ihm! Ich warte ungeduldig auf Ihre Antwort und hoffe, daß ich bald selbst alles Erdenkliche für mein geliebtes Kind werde tun können. Caroline Henschke.»

Wenn es noch eines Beweises bedurft hätte, daß diese

Schauspielerin in der Welt der Politik wie ein Fremdkörper von einem anderen Stern erschienen sein muß, so ist es dieser rührende Brief. In einem Gefängnis von Sol-Ilezk, einem trostlosen Flecken auf dem Weg nach Sibirien an der Grenze von Kasachstan, sollten die Gefangenen vor ihrem Weitertransport überwintern. Die Verhältnisse dort führten zu einer Typhus-Epidemie. Die ebenfalls inhaftierte Hilde Duty hat, wie sie Georg Becker berichtete, dort die letzten Tage Carola Nehers miterlebt: «Wir haben uns gegenseitig so gut geholfen, wie es eben ging. Es war wohl der fünfte Tag nach Carola Nehers Erkrankung, man holte sie in die Krankenstube. Bereits am übernächsten Tag, dem 26. Juni 1942, kehrte von dort eine Mitgefangene zurück: ‹Carola ist erlöst.› Wir haben sie nicht mehr gesehen.» Die Sterbeurkunde, die der KGB später dem Sohn übergab, spricht von einer «unbekannten Krankheit» als Todesursache.

Ein letztes Mal tauchen der wahre Name des Dichters Klabund und der wahre Vorname seiner Frau in einer Urkunde Nr. 4 H-1527 auf. Im Januar 1959 wird Carola Neher posthum «rehabilitiert»: «Die Angelegenheit der Henschke, Karoline, verhaftet am 25. Juni 1936, ist vom oben genannten Militärkollegium am 13. August 1959 erneut verhandelt worden. Das Urteil des Militärkollegiums vom 16. Juli 1937 ist nach neu entdeckten Umständen aufgehoben worden. Die Angelegenheit ist abgeschlossen wegen der Nicht-Existenz des Verbrechens.»

Literaturhinweise

«Klabund wird in die Literaturgeschichte und Nachschlagewerke eingehen. Möge er Federn finden, die so anmutig die Erinnerung an sein kurzes, krankes, melodienreiches Leben wahren», meinte Carl von Ossietzky in seinem Nachruf auf den Dichter in der «Weltbühne» vom 21. August 1928. Seither haben sich immer wieder mehr oder weniger anmutige Federn gefunden, die Klabunds Leben der Vergessenheit entrissen – sein Werk dagegen ist nahezu vollständig vom Buchmarkt verschwunden. Wer es kennenlernen möchte, ist auf Bibliotheken und Antiquariate angewiesen. Die wichtigsten älteren Ausgaben seiner Werke erschienen im Phaidon-Verlag, Wien, im Ernst Reiß-Verlag, Berlin, im Verlag Dürr und Weber, Leipzig, im Rembrandt-Verlag, Berlin, im Philipp Reclam Verlag, Leipzig, im Roland-Verlag, München, und im Insel-Verlag, Leipzig. Oft überschneiden sich die Inhalte dieser Bände. 1968 hat Marianne Kesting eine vorerst letzte Auswahl von Klabunds Werken in einem über sechshundert Seiten starken Sammelband vorgestellt und mit einem ausführlichen Vorwort versehen. Die Auswahl bleibt allerdings mehr als lückenhaft, es fehlen darin auch wichtige Gedichte. Am Fachbereich Germanistik der Freien Universität Berlin entsteht unter der Obhut von Hans-Gert Roloff eine Gesamtedition der Werke Klabunds für wissenschaftliche Zwecke.

Über Carola Neher gibt es nur wenige, oft sehr unvollständige oder widersprüchliche Lebensberichte und einige knappe Erwähnungen in Autobiographien prominenter Autoren. Am aufschlußreichsten sind die zahllosen Besprechungen ihrer Bühnenauftritte von Kritikern wie Alfred Polgar, Alfred Kerr, Herbert Ihering, Manfred Georg, Julius Bab. Sie finden sich verstreut in zahllosen Zeitungen und Sammelwerken. Darüber hinaus verdienen einige Rundfunksendungen besondere Beachtung, die sich detailliert mit den Lebensstationen Carola Nehers befassen und wichtige Zeitzeugen zu Worte kommen lassen. Einzelne Materialien über Klabund und Carola Neher finden sich im Archiv der Berliner Akademie der Künste (Ost und West), dem Marbacher Literaturarchiv und dem Staatsarchiv Graubünden in Chur (Nachlaß Erwin Poeschel).

Abgesehen von den Werken Klabunds und dem Briefband «Klabund – Briefe an einen Freund», herausgegeben von Ernst Heinrich, Kiepenheuer und Witsch Verlag, Köln, Berlin 1963, wurden für dieses Buch folgende Publikationen herangezogen:

Guido von Kaulla, Brennendes Herz Klabund. Legende und Wirklichkeit. Classen Verlag, Zürich und Stuttgart 1971

– «Und verbrenn in seinem Herzen». Die Schauspielerin Carola Neher und Klabund. Herderbücherei, Freiburg im Breisgau 1984

Klabund in Davos. Texte, Bilder, Materialien. Zusammengestellt von Paul Raabe. Luchterhand Literaturverlag, Hamburg 1990

Jürgen Serke, Die verbrannten Dichter. Berichte, Texte, Bilder einer Zeit. Beltz Verlag, Weinheim und Basel 1977

Klaus Völker, Bertolt Brecht. Eine Biographie. Carl Hanser Verlag, München, Wien 1976

Brechts Lai-Tu. Erinnerungen und Notate von Ruth Berlau. Herausgegeben und mit einem Nachwort von Hans Bunge. Luchterhand Verlag, Darmstadt und Neuwied 1985.

Bertolt Brecht, Briefe. Herausgegeben und kommentiert von Günter Glaeser. Suhrkamp Verlag, Frankfurt a. Main 1981

Elisabeth Bergner, Bewundert viel und viel gescholten. Unordentliche Erinnerungen. C. Bertelsmann Verlag, München 1978

Arnolt Bronnen, Tage mit Bertolt Brecht. Verlag Kurt Desch, Wien, München, Basel 1960

Ernst Josef Aufricht, Erzähle, damit du dein Recht erweist. Ullstein Verlag, Berlin 1966

Fred Hildenbrandt, Ich soll dich grüßen von Berlin. Ehrenwirth Verlag, München 1966

Stefan Grossmann, Letzte Stunde mit Klabund. In: «Die Dame». Berlin, Oktober 1928

Rudolf Frank, Spielzeit meines Lebens. Lambert Schneider Verlag, Heidelberg 1960

Literaten an der Wand. Die Münchner Räterepublik und ihre Schriftsteller. Herausgegeben von Hansjörg Viesel. Büchergilde Gutenberg 1980

Klaus Mann, Der Wendepunkt. Nymphenburger Verlagshandlung, München 1969

Elias Canetti, Das Augenspiel. Lebensgeschichte 1931 – 1937. Carl Hanser Verlag, München, Wien 1985

Bruno Walter, Thema und Variationen. Piper Verlag, München 1946

Hans Sahl, Memoiren eines Moralisten. Luchterhand Literaturverlag, Hamburg 1983

Billy Wilder. Eine Nahaufnahme von Hellmuth Karasek, Hoffmann und Campe Verlag, Hamburg 1992

Margarete Buber-Neumann, Als Gefangene bei Stalin und Hitler. Eine Welt im Dunkel. Verlag Busse und Seewald, Herford 1985

Alexander Weißberg-Cybulski, Im Verhör. Ein Überlebender der stalinistischen Säuberungen berichtet. Europa Verlag, Wien, Zürich 1993

Heinz Greul, Bretter, die die Zeit bedeuten. Die Kulturgeschichte des Kabaretts. Kiepenheuer und Witsch Verlag, Köln 1967

Jewgenia Ginsburg, Marschroute meines Lebens. R. Piper Verlag, München 1986

David Pike, Deutsche Schriftsteller im Sowjetischen Exil. Suhrkamp Verlag, Frankfurt a. Main 1981

Annemarie Lange, Berlin in der Weimarer Republik. Dietz Verlag, Berlin (DDR) 1987

Lothar Schöne, Neuigkeiten vom Mittelpunkt der Welt. Der Kampf ums Theater in der Weimarer Republik. Wissenschaftliche Buchgesellschaft, Darmstadt 1994

Die Säuberung. Moskau 1936. Stenogramm einer geschlossenen Parteiversammlung. Herausgegeben von Reinhard Müller. Rowohlt Taschenbuch Verlag, Reinbek 1991

Rundfunksendungen:

Wolfgang Schwiedrzik, … und fragen: wen sollen wir töten? Die Schauspielerin Carola Neher zwischen Weimar und GULAG. Sendung im Deutschlandfunk am Mittwoch, den 17. Nov. 1982

Jana Halamickova, Der steile Aufstieg und das stumme Ende der Schauspielerin Carola Neher. Sendung im Kulturforum des Norddeutschen Rundfunks am 7. Juni 1992

Bert Brecht, Die heilige Johanna der Schlachthöfe. Schallaufnahmen der Reichs-Rundfunk G.m.b.H., Tondokumente des deutschsprachigen Hörspiels 1928–1945, Deutsches Rundfunkarchiv

Heinz Greul, Dumpfe Trommel und berauschter Gong. Leben und Werk des Alfred Henschke-Klabund zum 40. Todestag in Erinnerung gebracht. Sendung im Bayrischen Rundfunk 1. Programm vom 22.9. 1968

Tita Gaehme, Dem Traum folgen. Carola Neher und Klabund – Die Geschichte ihrer Liebe und ihres Lebens erzählt in Dokumenten. Westdeutscher Rundfunk vom 6. Juli 1995

Kurt Kreiler, Theater ohne Schminke. Carola Neher (1900–1942), Sendung im Berliner Rundfunk der DDR. Manuskript (ohne Jahr) im Archiv der Akademie der Künste, Berlin

Danksagung:

Für Unterstützung danke ich Sylvia Anders, Barbara Catoir, Siegrid Fing-
berg, Katherin Kuse, Uschi Otten, Christiane Wegner, Dr. med. Fritz
Ducho, Dr. med. Karl Albrecht Rossberg, Carl Werckshagen und – besonders herzlich – Georg Becker.

Bildnachweis

Folgenden Institutionen danken wir für die Abbildungen:

Archiv Akademie der Künste, Berlin: S. 75, 107, 133, 162, 170; Privatarchiv Wegner, Hamburg: S. 23; Bildarchiv Preußischer Kulturbesitz, Berlin: Titel, S. 31, 94, 123, 163, 167; Bilderdienst Süddeutscher Verlag, München: S. 27; Dokumentationsbibliothek Davos (Schweiz), Hollige Foto Davos: S. 62; Deutsches Literaturarchiv/Bildabteilung, Marbach: S. 93; Staatsarchiv Graubünden (Schweiz), Foto Atelier Reinhardt, Chur: S. 59; Ullstein Bilderdienst, Berlin: S. 11, 110, 139, 166, 171.

Gedruckte Quellen:

Paul Raabe, Klabund in Davos, Zürich 1990, S. 85: S. 67; Berlin–Moskau, Ausstellungskatalog, Berlin/München 1995, S. 436: S. 179.

Paare

Himmlische Liebe, höllischer Hass. Lebensläufe berühmter Paare bei rororo:

Dagmar von Gersdorff
Königin Luise und Friedrich Wilhelm III.
(rororo 22532)

Carola Stern
Isadora Duncan und Sergej Jessenin
(rororo 22531)

Alan Poesener
John F. und Jacqueline Kennedy
(rororo 22538)
Jack und Jackie – das ungekrönte Königspaar im Weißen Haus, die perfekte Verbindung von Macht und Glamour. Kaum eine Präsidentschaft war so brillant in Szene gesetzt – und kaum eine Präsidentenehe. Für die Öffentlichkeit spielten sie die liebenden Gatten und fürsorglichen Eltern. Privat blieben sie einander fremd. Krisen und Affären hatten die Ehe längst ruiniert.

Joachim Köhler
Friedrich Nietzsche und Cosima Wagner
(rororo 22534)

Christa Maerker
Marilyn Monroe und Arthur Miller
(rororo 22533)
Mit der Hochzeit ging für beide ein Traum in Erfüllung. Viereinhalb Jahre später ist er ausgeträumt. Was ist Wahrheit und was Legende in diesem Drama?

Kyra Stromberg
Zelda und F. Scott Fitzgerald
(rororo 22539)

Christa Maerker
Marilyn Monroe
Arthur Miller

Helma Sanders-Brahms
Else Lasker-Schüler und Gottfried Benn
(rororo 22535)

James Woodall
John Lennon und Yoko Ono
(rororo 22536)
«Ich mußte mich entscheiden, mit den Beatles oder mit Yoko Ono verheiratet zu sein.» *John Lennon*

Friedrich Rothe
Arthur Schnitzler und Adele Sandrock
(rororo 22537)

Matthias Wegner
Klabund und Carola Neher
(rororo 22540)

Ein Gesamtverzeichnis aller lieferbaren Titel der *Rowohlt Verlage*, *Wunderlich* und *Wunderlich Taschenbuch* finden Sie in der *Rowohlt Revue*. Vierteljährlich neu. Kostenlos in Ihrer Buchhandlung.
Rowohlt im Internet:
www.rowohlt.de

rororo

Lebensläufe

Linde Salber
Tausendundeine Frau *Die Geschichte der Anaïs Nin*
(rororo 13921)
«Mit leiser Ironie, einem lebhaften Temperament und großem analytischen Feingefühl.» *FAZ*

Virginia Harrard
Sieben Jahre Fülle *Leben mit Chagall*
(rororo 12364)

Kenneth S. Lynn
Hemingway *Eine Biographie*
(rororo 13032)

Michael Jürgs
Der Fall Romy Schneider *Eine Biographie*
(rororo 13132)
»*Der Fall Romy Schneider* ist ein freundschaftliches Buch, aufrichtiger und interessanter als die meisten Biographien, die bei uns über Schauspieler geschrieben werden.» *Süddeutsche Zeitung*

Erika Mann
Mein Vater, der Zauberer
Herausgegeben von Irmela von der Lühe und Uwe Naumann
(rororo 22282)
Die Geschichte dieser außergewöhnlichen Vater-Tocher-Beziehung wird in diesem Band nachgezeichnet. Mit zahlreichen Essays, Interviews und Briefen.

Andrea Thain
Katharine Hepburn *Eine Biographie*
(rororo 13322)

rororo Biographien

Charlotte Chandler
Ich, Fellini *Mit einem Vorwort von Billy Wilder*
(rororo 13774)
«Ich habe nur ein Leben, und das habe ich dir erzählt. Dies ist mein Testament, denn mehr habe ich nicht zu sagen.» *F. Fellini zu C. Chandler*

Andrea Thain /
Michael O. Huebner
Elisabeth Taylor
Hollywoods letzte Diva. Eine Biographie
(rororo 13512)
«Vor mehr als vierzig Jahren lehrte mich MGM, wie man ein Star ist. Und ich weiß bis heute nicht, wie ich etwas andere hätte sein können.» *Elisabeth Taylor*

Ein Gesamtverzeichnis aller lieferbaren Titel der *Rowohlt Verlage, Rowohlt Berlin, Wunderlich* und *Wunderlich Taschenbuch* finden Sie in der *Rowohlt Revue*. Vierteljährlich neu. Kostenlos in Ihrer Buchhandlung.

Rowohlt im Internet:
http://www.rowohlt.de

90 Jahre Rowohlt

Heinrich Maria Ledig-Rowohlt hatte eine Schwäche für Bücher, «die sich ohne Mühe so weglesen». So fanden sich in seinem Verlag neben den zahlreichen literarischen Entdeckungen auch Perlen der vergnüglichen und entspannten, aber auch der gefühlvollen Lektüre. Kein Wunder, daß die Leser seinem Spürsinn vertrauten und so manchem dieser Werke zu Bestseller-Ehren verhalfen. Ausgewählte Taschenbücher zum Jubiläum:

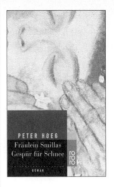

Paul Auster
Die NewYork-Trilogie *Roman*
(rororo 22501)

T. Coraghessan Boyle
Wassermusik *Roman*
(rororo 22505)

Simone de Beauvoir
Memoiren einer Tochter aus gutem Hause
(rororo 22507)

Wolfgang Borchert
Das Gesamtwerk
(rororo 22509)

Rita Mae Brown
Jacke wie Hose *Roman*
(rororo 22513)

Hans Fallada
Kleiner Mann – was nun?
Roman
(rororo 22510)

Peter Høeg
Fräulein Smillas Gespür für Schnee *Roman*
(rororo 22502)

Elke Heidenreich
Kolonien der Liebe
Erzählungen
(rororo 22514)

John Irving
Garp und wie er die Welt sah
Roman
(rororo 22504)

Klaus Mann
Mephisto *Roman*
(rororo 22512)

Harry Mulisch
Die Entdeckung des Himmels
Roman
(rororo 22503)

Robert Musil
Die Verwirrung des Zöglings Törleß
(rororo 22511)

Rosamunde Pilcher
September *Roman*
(rororo 22515)

Jean-Paul Sartre
Der Ekel *Roman*
(rororo 22508)

Carola Stern
Der Text meines Herzens *Das Leben der Rahel Varnhagen*
(rororo 22506)

rororo Literatur